Sommaire

Édito *5*

Sauces et bases *6*

Apéros et entrées *26*

Soupes *66*

Viandes *108*

Poissons et fruits de mer *160*

Plats végétariens *192*

Tartes, gâteaux et gourmandises *234*

Desserts glacés et boissons *286*

Index des recettes *317*

Édito

Monsieur Cuisine change la vie en cuisine ! Ce robot cuisinier multi-fonction deviendra vite votre indispensable, que vous soyez cuisinier débutant ou chef expert. Partez à la découverte de centaines de recettes en sa compagnie ! Vous allez pouvoir hacher les légumes ou les viandes, mixer les soupes et les potages, pétrir les pains et les viennoiseries, dorer pour donner encore plus de goût, mélanger tous vos ingrédients, mijoter tout doucement sans risques et sans surveillance ou cuire à la vapeur de nombreux plats... Le tout en gagnant du temps !

Et mieux encore, **Monsieur Cuisine** sera l'allié parfait de ceux qui veulent bien manger tout en veillant à ne pas faire d'excès grâce à ces 150 recettes complètes, variées, gourmandes et inventives, mais toujours light !

Pour les amis ou pour toute la famille, des plus petits aux plus grands, pour alléger le quotidien ou simplement pour se faire plaisir, ces 150 recettes vous permettront d'allier l'utile à l'agréable en réalisant très simplement des plats sains et accessibles. Apéros, petits plats mijotés ou à la vapeur, mais aussi desserts savoureux et fruités, glaces et boissons, voici 150 occasions de se faire plaisir tout en restant light.

Monsieur Cuisine n'est pas qu'un simple robot culinaire, c'est aussi une source d'inspiration pour diversifier et découvrir d'autres plats et d'autres cuisines. Alors n'hésitez pas, laissez-le vous prendre par la main, vous verrez qu'il rend la cuisine facile, ludique et gourmande et que vous ne pourrez plus vous passer de lui !

Dorian Nieto

Sauces et bases

SAUCE au citron

PRÉPARATION :
5 MIN

CUISSON :
8 MIN

POUR
4
PERS.

INGRÉDIENTS

- 1 citron jaune
- 25 cl de lait écrémé
- 15 g de Maïzena
- 25 cl de crème liquide allégée
- Sel et poivre

PRÉPARATION

1. Râpez finement la moitié du zeste du citron puis pressez-le.
2. Versez le lait et la Maïzena dans le bol mixeur puis faites cuire **5 minutes à 100 °C / vitesse 4** avec le gobelet doseur.
3. Ajoutez la crème et poursuivez la cuisson **1 minute à 80 °C / vitesse 4**.
4. Ajoutez le zeste et le jus de citron et faites cuire encore **2 minutes à 80 °C / vitesse 4**.

Info

Vous pouvez conserver cette sauce 2 ou 3 jours dans un bol filmé au contact dans le réfrigérateur.

SAUCE
au poireau

PRÉPARATION : 3 MIN

CUISSON : 10 MIN

POUR 4 PERS.

INGRÉDIENTS

- 100 g de blanc de poireau
- 20 cl de bouillon de légumes
- 15 g de Maïzena
- 20 cl de crème liquide allégée
- Sel et poivre

PRÉPARATION

1. Coupez le poireau en rondelles et placez-les dans le bol mixeur. Mixez **5 secondes / vitesse 6** avec le gobelet doseur.

2. Ajoutez la crème, la Maïzena et le bouillon, salez légèrement, poivrez et faites cuire **10 minutes à 90 °C / vitesse 1**.

Variante

Vous pouvez assaisonner la sauce avec quelques pincées de curry en poudre.

SAUCE *Tomate*

Sauce tomate maison

POUR ENVIRON
800 G DE SAUCE
CUISSON : 20 MIN
PRÉPARATION : 10 MIN

1 kg de grosses tomates bien mûres • 2 gousses d'ail • 1 oignon
1 c. à soupe d'huile d'olive • 1 c. à café de sucre
2 c. à soupe d'herbes de Provence • 2 feuilles de laurier
sel et poivre

1. Pelez les tomates, l'ail et l'oignon. Placez l'ail et l'oignon dans le bol mixeur et mixez en **mode turbo / 2 secondes** avec le gobelet doseur.
2. Raclez les parois avec la spatule, ajoutez les tomates et mixez **10 secondes / vitesse 4**.
3. Ajoutez les herbes de Provence, le laurier, l'huile et le sucre, salez et poivrez et faites cuire **20 minutes à 90 °C / vitesse 1** en plaçant le panier vapeur à la place du couvercle.
4. Retirez le laurier et mixez **10 secondes / vitesse 5** avec le couvercle et le gobelet doseur.

Sauce concentrée

POUR ENVIRON
800 G DE SAUCE
PRÉPARATION : 5 MIN

400 g de sauce de base • 60 g de quartiers de tomates séchées
1 c. à soupe de double concentré de tomates

1. Mettez les tomates séchées dans le bol mixeur et mixe en **mode turbo / 3 secondes** avec le gobelet doseur. Raclez les parois. Ajoutez la sauce de base et le double concentré. Mixez **10 secondes / vitesse 10**.

Sauce tomate pimentée

POUR ENVIRON 800 G DE SAUCE
PRÉPARATION : 5 MIN

400 g de sauce de base • 60 g de piquillos • 1 petit piment oiseau
1 gousse d'ail

1 Ôtez les graines du piment et pelez la gousse d'ail. Placez-les dans le bol mixeur avec les piquillos et mixez en **mode turbo / 3 secondes** avec le gobelet doseur. Raclez les parois. Ajoutez la sauce de base et mixez **10 secondes / vitesse 10**.

Conseil

Vous pouvez congeler ces sauces dans des bacs à glaçons et décongeler la quantité désirée le moment voulu.

BÉCHAMELS *légères*

Béchamel nature

POUR 4 PERS.
PRÉPARATION : 2 MIN
CUISSON : 10 MIN

50 cl de lait écrémé • 40 g de Maïzena • 1 pincée de noix de muscade • sel et poivre

1. Versez 20 cl de lait et la Maïzena dans le bol mixeur et faites chauffer **4 minutes à 60 °C /vitesse 3** avec le gobelet doseur.
2. Ajoutez le lait restant, la noix de muscade, salez, poivrez et faites cuire **6 minutes à 90 °C / vitesse 3**.

Béchamel ail et fines herbes

POUR 4 PERS.
PRÉPARATION : 4 MIN
CUISSON : 10 MIN

2 gousses d'ail • 3 brins de persil • 6 brins de cerfeuil
8 brins de ciboulette • 1 dose de béchamel

1. Pelez les gousses d'ail, coupez-les en deux et hachez les herbes grossièrement. Mettez-les dans le bol mixeur et mixez en **mode turbo / 3 secondes** avec le gobelet doseur. Raclez les parois et mixez de nouveau en **mode turbo / 3 secondes**. Réservez les herbes et rincez le bol.
2. Préparez une dose de béchamel, sans mettre de muscade.
3. À la fin de la cuisson, ajoutez les herbes mixées et mélangez **8 secondes / vitesse 5**

Béchamel au curry

POUR 4 PERS.
PRÉPARATION : 2 MIN
CUISSON : 10 MIN

1 c. à café de pâte de curry orange • 1 dose de béchamel

1. Préparez une dose de béchamel, sans saler, poivrer ni mettre de noix de muscade mais en ajoutant le curry en même temps que le lait restant.

Conseil
Pour conserver les béchamels, filmez-les au contact.

PÂTES *brisées*

Pâte nature

POUR 1 PÂTE
PRÉPARATION : 5 MIN
REPOS : 30 MIN

200 g de farine • 80 g de yaourt 0 % • 1 œuf • sel

1. Placez la farine, le yaourt et l'œuf dans le bol mixeur. Salez à votre goût. Lancer le robot en **mode malaxer / 2 minutes**.
2. Enveloppez la pâte dans un film alimentaire et réservez-la au réfrigérateur au moins une demi-heure avant de l'utiliser.

Pâte aux herbes

POUR 1 PÂTE
PRÉPARATION : 5 MIN
REPOS : 30 MIN

200 g de farine • 80 g de yaourt 0 % • 1 œuf
1 c. à soupe d'herbes de Provence séchées • sel

1. Placez la farine, les herbes, le yaourt et l'œuf dans le bol mixeur. Salez à votre goût. Lancez le robot en **mode malaxer / 2 minutes**.
2. Enveloppez la pâte dans un film alimentaire et réservez-la au réfrigérateur au moins une demi-heure avant de l'utiliser.

Pâte aux graines

POUR 1 PÂTE
PRÉPARATION : 5 MIN
REPOS : 30 MIN

200 g de farine • 80 g de yaourt 0 % • 1 œuf • 1 c. à soupe de graines mélangées (tournesol, lin, pavot, sésame...) • sel

1. Placez la farine, les graines, le yaourt et l'œuf dans le bol mixeur. Salez à votre goût.
2. Mettez le robot en **mode malaxer / 2 minutes**.
3. Enveloppez la pâte dans un film alimentaire et réservez-la au réfrigérateur au moins une demi-heure avant de l'utiliser.

Conseil

Vous pouvez préparer ces pâtes à l'avance et les garder au réfrigérateur après les avoir enveloppées de film alimentaire.

TORTILLAS au blé et au maïs

PRÉPARATION : 10 MIN

CUISSON : 10 MIN

REPOS : 15 MIN

POUR 4 PERS.

INGRÉDIENTS

- 90 g de farine de blé
- 90 g de farine de maïs
- 15 cl d'eau
- 1 c. à soupe d'huile de tournesol
- ½ c. à café de sel

PRÉPARATION

1. Versez l'eau, l'huile et le sel dans le bol mixeur. Faites chauffer **3 minutes à 90 °C / vitesse 1** avec le gobelet doseur.
2. Mélangez les deux farines dans le bol mixeur. Mettez en **mode malaxer / 2 minutes**, 2 fois. Ôtez le couvercle et laissez tiédir.
3. Formez une boule de pâte et laissez-la reposer 15 minutes recouverte d'un torchon.
4. Formez 4 boules de pâte et étalez-les finement sur un plan de travail fariné.
5. Faites cuire chaque tortilla environ 1 min 30 dans une poêle bien chaude en retournant à mi-cuisson.

Conseil

Utilisez les tortillas rapidement pour qu'elles ne se dessèchent pas.

RIZ blanc

PRÉPARATION : 2 MIN

CUISSON : 20 MIN

POUR 4 PERS.

INGRÉDIENTS

240 g de riz basmati

Sel

PRÉPARATION

1. Placez le riz dans le panier cuisson et rincez-le. Installez le panier cuisson. Salez à votre goût et ajoutez 1,5 litre d'eau.

2. Faites cuire **20 minutes à 100 °C / vitesse 1** avec le gobelet doseur. À mi-cuisson, mélangez le riz dans le panier à l'aide de la spatule.

3. Retirez le panier cuisson et égouttez le riz.

Astuce

Vous pouvez parfumer le riz en ajoutant quelques pincées d'épices, comme du curry, en même temps que le sel.

SAUCE *vierge*

PRÉPARATION : 10 MIN

POUR 4 PERS.

INGRÉDIENTS

- 350 g de tomates
- ½ poivron vert
- 2 oignons nouveaux
- Le jus de 1 citron
- 3 brins de basilic effeuillés
- 10 brins de ciboulette
- 1 c. à soupe d'huile d'olive
- Sel et poivre

PRÉPARATION

1. Coupez les tomates et le poivron en cubes. Coupez les oignons en deux ou en quatre. Hachez très grossièrement les herbes.

2. Mettez les poivrons et les oignons dans le bol mixeur et mixez **5 secondes / vitesse 5** avec le gobelet doseur. Raclez les parois avec la spatule.

3. Ajoutez les tomates et les herbes et mixez **3 secondes / vitesse 5**. Raclez les parois avec la spatule.

4. Ajoutez l'huile et le jus de citron, salez, poivrez et mixez une dernière fois **2 secondes / vitesse 5**.

Conseil

Parfait pour accompagner un poisson à la vapeur !

MAYONNAISES légères

Mayonnaise nature

POUR 4 PERS.
PRÉPARATION : 5 MIN

2 jaunes d'œufs durs • 240 g de skyr • 3 c. à café de moutarde

1. Écrasez finement les jaunes d'œufs à la fourchette et mettez-les dans le bol mixeur.
2. Installez le batteur. Ajoutez le skyr et la moutarde puis fouettez **2 minutes / vitesse 4** avec le gobelet doseur.

Mayonnaise au curry

POUR 4 PERS.
PRÉPARATION : 5 MIN

2 jaunes d'œufs durs • 240 g de skyr • 3 c. à café de moutarde
2 c. à café de curry en poudre

1. Écrasez finement les jaunes d'œufs à la fourchette et mettez-les dans le bol mixeur.
2. Installez le batteur. Ajoutez le skyr, le curry et la moutarde puis fouettez **2 minutes / vitesse 4** avec le gobelet doseur.

Conseil

Si vous voulez conserver ces mayonnaises allégées, pensez à les filmer au contact avant de les réserver au réfrigérateur.

Mayonnaise tartare

POUR 4 PERS.
PRÉPARATION : 5 MIN

2 jaunes d'œufs durs • 240 g de skyr • 3 c. à café de moutarde
3 cornichons • 3 petits oignons au vinaigre • 2 c. à café de câpres
2 brins d'estragon • 2 brins de persil

1. Hachez grossièrement les herbes et mettez-les dans le bol mixeur. Ajoutez les cornichons, les oignons et les câpres. Mixez **5 secondes / vitesse 5** avec le gobelet doseur et réservez.

2. Écrasez finement les jaunes d'œufs à la fourchette et mettez-les dans le bol mixeur.

3. Installez le batteur. Ajoutez le skyr et la moutarde puis fouettez **2 minutes / vitesse 4** avec le gobelet doseur.

4. Ajoutez le mélange aux cornichons et mélangez **20 secondes / vitesse 4**.

BLINIS

PRÉPARATION :
10 MIN

CUISSON :
30 MIN

POUR
UNE DIZAINE DE BLINIS

INGRÉDIENTS

- 250 g de lait
- 250 g de farine
- 1 sachet de levure chimique
- 3 œufs
- 1 c. à café rase de sel
- Huile de tournesol

PRÉPARATION

1. Mettez le lait, le sel, la farine, la levure et les jaunes d'œufs dans le bol mixeur.
2. Placez le robot en **mode malaxer / 2 minutes** avec le gobelet doseur. Réservez la pâte dans un saladier.
3. Lavez le bol mixeur et installez le batteur. Mettez les blancs d'œufs dans le bol mixeur et fouettez **4 min 30 / vitesse 4**.
4. Incorporez les blancs en neige à la pâte dans le saladier.
5. Faites chauffer une poêle antiadhésive à feu moyen et huilez-la légèrement à l'aide d'un papier absorbant. Déposez une louche de pâte dans la poêle. Faites cuire environ 3 minutes en retournant à mi-cuisson.

Conseil

Pour conserver vos blinis jusqu'au moment de les déguster, déposez-les sur un plat en intercalant des feuilles de papier cuisson.

Apéros et entrées

Quiche AUX TOMATES et aux oignons rôtis

PRÉPARATION : 15 MIN

POUR 4 PERS.

CUISSON : 46 MIN

INGRÉDIENTS

- 250 g de tomates cerises
- 2 petits oignons rouges
- 2 gousses d'ail
- 1 c. à soupe d'herbes de Provence séchées
- Quelques feuilles de basilic (facultatif)
- Sel et poivre

Pour l'appareil

- 4 œufs
- 80 g de ricotta
- 80 g crème liquide allégée
- Sel et poivre
- 1 pâte brisée au yaourt (voir p. 16)

PRÉPARATION

1. Préchauffez le four à 180 °C (th. 6). Foncez la pâte dans le moule. Coupez la pâte en la laissant dépasser de ½ cm tout autour. Piquez à la fourchette et couvrez de poids de cuisson.

2. Pelez et émincez l'ail et les oignons. Coupez les tomates cerises en deux. Déposez-les sur une plaque de four couverte d'une feuille de cuisson. Assaisonnez et saupoudrez d'herbes de Provence.

3. Enfournez la pâte et les légumes sur deux étages. Au bout de 8 minutes, enlevez les poids de cuisson de la pâte. Laissez-la cuire 4 minutes de plus. Mélangez les légumes sur la plaque et laissez-les cuire encore 8 minutes.

4. Pendant ce temps versez les œufs, la ricotta et la crème dans le bol. Mélangez **10 secondes / vitesse 5**. Versez la crème dans la pâte. Déposez les légumes dessus. Baissez le four à 160 °C (th. 5) et enfournez pour 30 minutes.

5. Servez accompagné de quelques feuilles de basilic.

Conseil

N'hésitez pas à préparer la pâte à l'avance et à la conserver filmée au réfrigérateur.

GUACAMOLE *aux fèves*

PRÉPARATION : 10 MIN

CUISSON : 5 MIN

POUR 4 PERS.

INGRÉDIENTS

- 200 g de fèves fraîches écossées
- 1 avocat
- 1 citron jaune
- 4 brins de coriandre
- Sel et poivre

Astuce

N'hésitez pas à remplacer les fèves fraîches par des fèves surgelées. Dans ce cas, pensez à les décongeler avant de les utiliser.

PRÉPARATION

1. Versez 1 litre d'eau dans le bol mixeur, installez le panier vapeur profond et déposez-y les fèves. Couvrez et faites cuire en **mode cuisson vapeur / 5 minutes**.

2. Quand les fèves sont cuites, videz l'eau du bol mixeur et rincez-le à l'eau froide.

3. Passez également les fèves sous l'eau froide et égouttez-les bien. Hachez grossièrement la coriandre et pressez le citron. Pelez et dénoyautez l'avocat puis coupez la chair en morceaux.

4. Déposez les fèves, l'avocat, la coriandre et le jus de citron dans le bol mixeur et mixez le tout **30 secondes / vitesse 8** avec le gobelet doseur.

5. Raclez les parois à l'aide de la spatule, assaisonnez et mixez de nouveau **30 secondes / vitesse 8**.

6. Servez accompagné de quelques tranches de pain grillé ou de crackers.

HOUMOUS
petits pois et fèves

PRÉPARATION : 10 MIN

CUISSON : 5 MIN

POUR 4 PERS.

INGRÉDIENTS

- 150 g de petits pois frais écossés
- 150 g de fèves fraîches écossées
- 200 g de pois chiches au naturel (poids égoutté)
- 1 c. à soupe de tahin
- 1 gousse d'ail
- 50 g de feta
- Sel et poivre

PRÉPARATION

1. Versez 1 litre d'eau dans le bol mixeur, installez le panier vapeur profond et déposez-y les fèves et les petits pois. Couvrez et faites cuire en **mode cuisson vapeur / 5 minutes**.

2. Quand les légumes sont cuits, videz l'eau du bol mixeur et rincez-le à l'eau froide.

3. Pelez et coupez la gousse d'ail en deux puis placez-la dans le bol mixeur. Ajoutez les petits pois, les fèves, les pois chiches et le tahin. Mixez **20 secondes / vitesse 8** avec le gobelet doseur.

4. Raclez les parois à l'aide de la spatule. Assaisonnez et mixez **10 secondes / vitesse 8**.

5. Raclez de nouveau les parois à l'aide de la spatule et mixez encore **10 secondes / vitesse 8**.

6. Servez avec la feta émiettée.

Conseil

Vous pouvez parsemer le houmous de feuilles de menthe juste avant de le servir.

Salade DE GAMBAS *aux agrumes*

PRÉPARATION :
10 MIN

CUISSON :
5 MIN

POUR
4
PERS.

INGRÉDIENTS

16 grosses gambas crues surgelées

1 pamplemousse

2 oranges

2 brins de menthe effeuillés

Pour la sauce

2 cives

Le jus d'une orange

1 c. à soupe de jus de citron vert

½ c. à soupe de moutarde

Variante

Déposez une poignée de pousses de salade dans chaque assiette avant d'y répartir les autres ingrédients.

PRÉPARATION

1. Versez 0,5 litre d'eau dans le bol mixeur. Déposez les gambas dans le panier vapeur, mettez-le en place, couvrez et faites cuire en **mode cuisson vapeur / 5 minutes**.

2. Enlevez le panier vapeur, réservez les gambas. Videz le bol mixeur et rincez-le.

3. Prélevez les suprêmes du pamplemousse et des oranges. Pour cela, pelez les fruits à vif puis séparez chaque quartier en enlevant la peau blanche. Pressez le cœur restant pour en prélever le jus, réservez-le dans un bol.

4. Coupez les cives en tronçons, placez-les dans le bol mixeur et hachez-les en **mode turbo / 1 seconde** avec le gobelet doseur.

5. Raclez les parois à l'aide de la spatule. Versez les jus réservés, le jus d'orange et de citron dans le bol puis mixez. Ajoutez la moutarde et mixez en **mode turbo / 2 secondes**.

6. Répartissez les gambas et les suprêmes dans les assiettes. Arrosez de sauce. Parsemez le tout de feuilles de menthe juste avant de servir.

RAÏTA
aux poivrons

PRÉPARATION :
5 MIN

POUR 4 PERS.

INGRÉDIENTS

¼ de poivron vert
¼ de poivron rouge
¼ de poivron jaune
¼ de concombre
1 oignon nouveau
300 g de yaourt grec 0 %
¼ de c. à café de cumin en poudre
Sel et poivre

PRÉPARATION

1. Coupez les poivrons en gros cubes, l'oignon en quatre et le concombre en rondelles.
2. Mixez le tout **15 secondes / vitesse 5** avec le gobelet doseur.
3. Ajoutez le yaourt et le cumin, assaisonnez et mélangez **3 secondes / vitesse 2**.

Variante

Si vous aimez le piquant, émincez un quart de piment vert et ajoutez-le à la préparation en même temps que le yaourt.

CAVIAR d'aubergine

PRÉPARATION : 10 MIN

CUISSON : 20 MIN

POUR 4 PERS.

INGRÉDIENTS

- 500 g d'aubergine
- 2 gousses d'ail
- 1 oignon
- 1 c. à soupe d'huile d'olive
- 2 c. à soupe de jus de citron
- 2 c. à café de thym séché
- 2 c. à café de tahin
- ½ c. à café de zaatar
- 4 c. à soupe de graines de grenade (facultatif)
- Quelques feuilles de menthe
- Sel et poivre

PRÉPARATION

1. Préchauffez le four à 210 °C (th. 7). Pelez l'ail et l'oignon, coupez-les en quatre. Épluchez les aubergines puis coupez-les en tranches d'environ 2 cm dans la longueur. Étalez-les sur une plaque couverte de papier cuisson et badigeonnez-les d'huile. Enfournez pour une vingtaine de minutes.

2. Mettez l'ail et l'oignon dans le bol mixeur et mixez **5 secondes / vitesse 6**. Raclez les parois, ajoutez les aubergines, le tahin, le thym, le zaatar et le jus de citron, puis assaisonnez. Mixez **20 secondes / vitesse 5**. Raclez les parois et mixez de nouveau **10 secondes / vitesse 5**.

3. Servez le caviar d'aubergine puis parsemez-le de graines de grenade et de feuilles de menthe.

Variante

Vous pouvez remplacer les feuilles de menthe par des feuilles de coriandre.

TABOULÉ au boulgour

PRÉPARATION : 5 MIN

CUISSON : 15 MIN

POUR 4 PERS.

INGRÉDIENTS

- 180 g de boulgour
- 1 petit oignon rouge
- 120 g de concombre
- 240 g de tomate
- 4 brins de menthe effeuillées
- 4 brins de persil plat
- 2 c. à soupe de jus de citron vert
- 1 c. à soupe d'huile d'olive
- Sel et poivre

PRÉPARATION

1. Versez 1 litre d'eau dans le bol mixeur, ajoutez le boulgour et salez. Faites cuire **15 minutes à 90 °C / sens inverse / vitesse 1**. Égouttez le boulgour et rincez le bol.

2. Coupez le concombre en morceaux et les tomates en cubes. Pelez et coupez l'oignon en quatre.

3. Mettez l'oignon dans le bol mixeur et mixez **10 secondes / vitesse 5**. Raclez les parois avec la spatule, ajoutez le concombre, la menthe et le persil et mixez **3 secondes / vitesse 5**. Ajoutez la tomate et mixez de nouveau **3 secondes / vitesse 5**.

4. Mélangez tous les ingrédients dans un saladier.

Variante

Vous pouvez réaliser cette recette avec du couscous ou du quinoa à la place du boulgour.

Tartinade DE LÉGUMES *aux herbes*

PRÉPARATION : 5 MIN

POUR 4 PERS.

INGRÉDIENTS

- 300 g de fromage blanc allégé
- 2 cives
- 50 g de carottes nouvelles
- 50 g de courgette verte
- 50 g de courgette jaune
- 4 brins de menthe effeuillés
- 4 brins de cerfeuil
- 4 brins de ciboulette
- Sel et poivre

PRÉPARATION

1. Coupez les carottes pelées, les cives, la ciboulette et le cerfeuil en tronçons et les courgettes en morceaux.

2. Placez le tout dans le bol mixeur, ajoutez les feuilles de menthe et mixez **10 secondes / vitesse 5** avec le gobelet doseur.

3. Ajoutez le fromage blanc, assaisonnez et mixez **3 secondes / vitesse 3**.

Conseil

Servez cette tartinade avec de belles tranches de pain aux noix ou aux noisettes passées au grille-pain.

COQUILLAGES *au paprika*

PRÉPARATION : 10 MIN

CUISSON : 17 MIN

POUR 4 PERS.

INGRÉDIENTS

- 400 g de palourdes
- 400 g de coques
- 1 branche de céleri
- 1 oignon nouveau
- 1 gousse d'ail
- ½ c. à café de paprika
- 1 pincée de piment d'Espelette
- 1 c. à café d'huile d'olive

PRÉPARATION

1. Pelez l'ail et coupez-le en deux. Coupez l'oignon en morceaux et le céleri en petits tronçons. Mettez-les dans le bol mixeur et mixez **5 secondes / vitesse 6** avec le gobelet doseur.

2. Raclez les parois avec la spatule. Ajoutez l'huile et faites cuire en **mode saisir / 7 minutes à 120 °C** sans le gobelet doseur.

3. Réservez le hachis. Versez 1 litre d'eau dans le bol mixeur. Mettez les coquillages dans le panier cuisson et faites cuire **10 minutes à 120 °C / vitesse 1**.

4. Égouttez bien les coquillages. Dans un saladier, mélangez-les au hachis de céleri et saupoudrez-les de paprika et de piment avant de les répartir dans des petits bols.

Conseil

Pensez à enlever le sable des coquillages en les passant plusieurs fois dans un saladier d'eau salée avant de les utiliser.

HOUMOUS
à la patate douce

PRÉPARATION : 10 MIN

CUISSON : 10 MIN

POUR 4 PERS.

INGRÉDIENTS

- 1 patate douce d'environ 250 g
- 200 g de pois chiches cuits au naturel
- 1 c. à soupe de tahin
- 1 gousse d'ail
- Sel et poivre
- Quelques feuilles de coriandre
- Graines de sésame

Conseil

Vous pouvez ajouter 1 cuillerée à café de gingembre en poudre en mixant les ingrédients.

PRÉPARATION

1. Pelez et coupez la patate douce en gros cubes puis placez-les dans le panier vapeur.
2. Versez 0,5 litre d'eau dans le bol mixeur, installez le panier vapeur, posez le couvercle et faites cuire en **mode cuisson vapeur / 10 minutes**. Réservez la patate douce. Videz le bol mixeur et rincez-le.
3. Pelez et coupez la gousse d'ail en deux puis placez-la dans le bol mixeur. Ajoutez la patate douce, les pois chiches et le tahin. Mixez **20 secondes / vitesse 8** avec le gobelet doseur.
4. Raclez les parois à l'aide de la spatule. Assaisonnez et mixez **10 secondes / vitesse 8**.
5. Raclez de nouveau les parois à l'aide de la spatule et mixez encore **10 secondes / vitesse 8**.
6. Servez le houmous parsemé de feuilles de coriandre et de graines de sésame.

COLESLAW

PRÉPARATION : 10 MIN

POUR 4 PERS.

INGRÉDIENTS

- 400 g de chou blanc
- 200 g de carottes
- 1 dose de mayonnaise au curry (voir p. 22)
- 2 brins de persil effeuillés

PRÉPARATION

1. Pelez et coupez les carottes en rondelles. Coupez le chou en grosses tranches.
2. Mettez les carottes dans le bol mixeur et mixez **5 secondes / vitesse 5** avec le gobelet doseur.
3. Ajoutez le chou et le persil puis mixez de nouveau **10 secondes / vitesse 5**.
4. Ajoutez la mayonnaise et mélangez **2 minutes / sens inverse / vitesse 1**.

Conseil

N'utilisez pas de chou rouge, qui risque de donner une couleur peu appétissante au coleslaw.

SALADE
de chou rouge

PRÉPARATION : 10 MIN

POUR 4 PERS.

INGRÉDIENTS

- 400 g de chou rouge
- 90 g de bulbe de fenouil
- 1 pomme
- 60 g de raisins blonds secs
- 45 g de noix de pécan

Pour la sauce

- 3 c. à soupe d'huile de sésame
- 4 c. à soupe de vinaigre de riz
- 4 c. à soupe de sauce soja

PRÉPARATION

1. Coupez le chou et le fenouil en grosses tranches en réservant les pluches de fenouil. Pelez la pomme, enlevez le trognon et coupez-la en huit. Hachez grossièrement les noix de pécan.

2. Mettez le chou et le fenouil dans le bol mixeur et mixez **5 secondes / vitesse 5** avec le gobelet doseur.

3. Ajoutez la pomme et mixez de nouveau **5 secondes / vitesse 5**.

4. Enlevez le gobelet doseur et mélangez **3 minutes / sens inverse / vitesse 1** en ajoutant par l'orifice les ingrédients de la sauce, les raisins et les noix de pécan.

5. Parsemez la salade de pluches de fenouil au moment de servir.

Variante

Vous pouvez remplacer le chou rouge par du chou blanc.

TARTINADE de courgettes

PRÉPARATION : 5 MIN

CUISSON : 40 MIN

REPOS : 30 MIN

POUR 4 PERS.

INGRÉDIENTS

- 400 g de courgettes vertes
- 1 courgette jaune
- 3 gousses d'ail
- 2 brins de basilic effeuillés
- 1 c. à soupe d'huile d'olive
- Sel et poivre

PRÉPARATION

1. Pelez les gousses d'ail. Coupez les courgettes en rondelles. Placez-les dans le panier cuisson et installez celui-ci dans le bol mixeur.
2. Versez-y 1,5 litre d'eau et faites cuire **40 minutes à 100 °C / vitesse 1**.
3. Retirez le panier cuisson, égouttez les courgettes en les pressant avec le dos d'une cuillère.
4. Videz l'eau du bol mixeur. Placez les courgettes cuites dedans. Salez, poivrez, ajoutez l'huile et les feuilles de basilic. Mixez **10 secondes / vitesse 5**.
5. Laissez refroidir avant de servir.

Conseil

Servez accompagné de tranches de pain grillé ou de toasts.

TARTINADE d'artichauts

PRÉPARATION : 5 MIN

POUR 4 PERS.

INGRÉDIENTS

- 220 g de fonds d'artichauts
- 100 g de ricotta
- 1 gousse d'ail
- Le jus de ½ citron
- Sel et poivre

PRÉPARATION

1. Pelez et coupez la gousse d'ail en deux. Mettez-la dans le bol mixeur et mixez **4 secondes / vitesse 8** avec le gobelet doseur.

2. Coupez les fonds d'artichauts en quatre et placez-le dans le bol mixeur avec le jus de citron. Mixez **4 secondes / vitesse 8**.

3. Ajoutez la ricotta, salez et poivrez légèrement puis mixez **10 secondes / vitesse 4**.

Conseil

Servez cette tartinade avec différents pains coupés en tranches et passés au grille-pain.

BOUCHÉES à la carotte

PRÉPARATION : 15 MIN

CUISSON : 25 MIN

REPOS : 10 MIN

POUR UNE VINGTAINE DE MINI-MUFFINS

INGRÉDIENTS

- 200 g de carottes
- 120 g de farine
- 1 échalote
- 1 œuf
- ½ sachet de levure chimique
- 8 cl d'eau
- 1 c. à café de cumin en poudre
- Quelques pincées de graines de cumin
- Huile de tournesol
- Sel et poivre

Astuce

N'hésitez pas à ajouter quelques pincées de curry en poudre !

PRÉPARATION

1. Pelez l'échalote et les carottes. Coupez l'échalote en quatre et les carottes en rondelles.
2. Mettez-les dans le bol mixeur et mixez **10 secondes / vitesse 5** avec le gobelet doseur.
3. Raclez les parois. Ajoutez le cumin en poudre et l'eau. Salez, poivrez et faites cuire **10 minutes à 100 °C / vitesse 3** sans le gobelet doseur.
4. Raclez les parois et mixez **10 secondes / vitesse 6** avec le gobelet doseur, puis laissez refroidir une dizaine de minutes.
5. Préchauffez le four à 180 °C (th. 6).
6. Ajoutez la farine, la levure et l'œuf puis mélangez **30 secondes / vitesse 4**.
7. Huilez légèrement des mini-moules à muffins à l'aide de papier absorbant.
8. Répartissez la pâte dans les moules et parsemez-la de graines de cumin.
9. Enfournez une quinzaine de minutes puis servez tiède.

Tartinade DE TOMATES et fromage blanc

PRÉPARATION : 5 MIN

CUISSON : 17 MIN

REPOS : 30 MIN

POUR 4 PERS.

INGRÉDIENTS

- 400 g de tomates fraîches
- 15 g de tomates séchées
- 1 oignon
- 1 gousse d'ail
- 6 brins de basilic effeuillés
- 1 c. à café d'huile d'olive
- 4 c. à soupe de fromage frais 0%
- Sel et poivre

PRÉPARATION

1. Pelez l'ail et l'oignon. Coupez les gousses en deux et l'oignon en quatre et placez-les dans le bol mixeur.

2. Ajoutez les trois quarts des feuilles de basilic et mixez **8 secondes / vitesse 5** avec le gobelet doseur. Raclez les parois avec la spatule, ajoutez l'huile et faites cuire en **mode saisir / 7 minutes à 120°C** sans le gobelet doseur.

3. Égrenez les tomates et coupez-les en cubes. Émincez les tomates séchées. Ajoutez-les dans le bol mixeur, salez, poivrez et faites cuire **10 minutes à 90°C / vitesse 1**. Réservez dans un saladier et laissez refroidir.

4. Ajoutez le fromage frais et mélangez très rapidement. Servez dans des petits bols et ajoutez les feuilles de basilic restantes.

Conseil

Servez accompagné de tranches de baguette passées au grille-pain.

MINI-TARTELETTES *aux champignons*

PRÉPARATION : 20 MIN

CUISSON : 37 MIN

POUR 8 MINI-TARTELETTES

INGRÉDIENTS

- 200 g de champignons de Paris
- 1 échalote
- 1 gousse d'ail
- 1 œuf
- 100 g de fromage blanc 0 %
- 1 c. à café de moutarde
- 1 c. à café d'huile de tournesol
- ½ pâte aux herbes (voir p. 16)
- Quelques feuilles de cerfeuil et de menthe
- Sel et poivre

PRÉPARATION

1. Préchauffez le four à 180 °C (th. 6). Pelez l'échalote et l'ail, coupez l'échalote en quatre et l'ail en deux. Ajoutez l'huile et faites cuire en **mode saisir 7 minutes à 120 °C / vitesse 1** sans le gobelet doseur.

2. Nettoyez les champignons, réservez-en deux petits et coupez les autres en morceaux. Mettez-les dans le bol mixeur et mixez **3 secondes / vitesse 5** avec le gobelet doseur. Salez, poivrez et faites cuire **10 minutes à 110 °C / vitesse 1**.

3. Transférez les champignons dans le panier cuisson et pressez-les avec le dos d'une cuillère pour bien les égoutter. Mettez l'œuf, le fromage blanc et la moutarde dans le bol mixeur et mélangez **10 secondes / vitesse 4** avec le gobelet doseur. Ajoutez les champignons et mélangez **15 secondes / vitesse 4**. Émincez les champignons restants.

4. Étalez la pâte et foncez les moules à tartelettes. Déposez-y la farce et une tranche de champignon puis enfournez une vingtaine de minutes.

5. Ajoutez la menthe et le cerfeuil au moment de servir.

Conseil

Insistez bien au moment d'égoutter les champignons pour éviter de détremper les tartelettes.

TZATZIKI

PRÉPARATION : 10 MIN

REPOS : 15 MIN

POUR 4 PERS.

INGRÉDIENTS

- 1 concombre (environ 500 g)
- 2 yaourts brassés à 0 %
- 2 gousses d'ail
- Une dizaine de feuilles de menthe
- Sel et poivre

Conseil

Vous pouvez servir votre tzatziki accompagné de blinis (voir p. 24).

PRÉPARATION

1. Coupez le concombre en demi-rondelles épaisses. Mettez-les dans le bol mixeur et mixez **4 secondes / vitesse 6** avec le gobelet doseur.
2. Transvasez dans le panier cuisson, laissez égoutter une quinzaine de minutes puis pressez avec le dos d'une cuillère pour bien exprimer l'eau.
3. Pelez l'ail, coupez-le en deux et mettez-le dans le bol mixeur. Ajoutez les trois quarts des feuilles de menthe et mixez **1 seconde en mode turbo**.
4. Ajoutez le concombre égoutté et le yaourt. Salez, poivrez et mélangez **10 secondes / vitesse 2**.
5. Servez le tzatziki parsemé de feuilles de menthe.

Tortillas AUX LÉGUMES *verts et rouges*

PRÉPARATION : 15 MIN

CUISSON : 11 MIN

POUR 4 PERS.

INGRÉDIENTS

- 4 tortillas (voir p. 18)
- 2 courgettes
- 1 botte d'asperges vertes
- 24 tomates cerises
- 1 oignon nouveau
- 80 g de ricotta
- 20 g de parmesan râpé
- 80 g de crème fraîche allégée
- Sel et poivre

Conseil

Accompagnez ces tortillas d'une jolie salade de pousses variées !

PRÉPARATION

1. Coupez les courgettes en demi-rondelles et les asperges en tronçons.
2. Déposez-les dans le panier vapeur. Versez 0,5 litre d'eau dans le bol mixeur, installez le panier vapeur, couvrez et faites cuire en **mode vapeur / 6 minutes**.
3. Préchauffez le four en mode gril.
4. Coupez les tomates cerises en deux et l'oignon en quatre.
5. Mettez l'oignon dans le bol mixeur et mixez **5 secondes / vitesse 6** avec le gobelet doseur.
6. Ajoutez la ricotta, la crème et le parmesan. Salez, poivrez et mélangez **5 secondes / vitesse 3**.
7. Étalez la crème sur les tortillas. Répartissez les asperges, les courgettes, les tomates et l'oignon dessus.
8. Passez sous le gril 5 minutes et servez sans attendre.

MUFFINS *aux poivrons*

PRÉPARATION : 15 MIN

CUISSON : 37 MIN

POUR 4 PERS.

INGRÉDIENTS

- 300 g de poivrons
- 1 gousse d'ail
- 200 g de farine
- 3 œufs
- 1 c. à café de paprika
- ¼ c. à café de piment en poudre
- 1 sachet de levure chimique
- 1 c. à café d'huile d'olive
- Sel

Conseil

Oubliez le piment si vous n'aimez pas le piquant !

PRÉPARATION

1. Préchauffez le four à 180 °C (th. 6).
2. Coupez les poivrons en fines lanières. Pelez l'ail et coupez-le en quatre. Mettez-le dans le bol mixeur et mixez **1 seconde en mode turbo**.
3. Raclez les parois avec la spatule. Ajoutez les poivrons et l'huile et faites cuire en **mode saisir / 7 minutes à 120 °C**. Réservez dans un saladier.
4. Mettez la farine, la levure, le paprika, le piment et les œufs dans le bol mixeur. Salez et mélangez **30 secondes / vitesse 4**.
5. Transférez la pâte dans le saladier et incorporez-y les poivrons.
6. Placez des caissettes à muffins dans des moules et remplissez-les aux trois quarts de pâte. Enfournez une trentaine de minutes.
7. Servez tiède ou froid.

Soupes

Soupe DE BUTTERNUT *et polenta*

PRÉPARATION : 5 MIN

CUISSON : 26 MIN

POUR 4 PERS.

INGRÉDIENTS

- 600 g de chair de butternut
- 1 oignon
- 1 c. à café d'huile d'olive
- 1 cube de bouillon de légumes
- 60 g de polenta instantanée
- Sel et poivre

PRÉPARATION

1. Épluchez et coupez l'oignon en quatre. Placez-le dans le bol du robot et mixez **5 secondes / vitesse 6** avec le gobelet doseur.

2. Raclez les parois avec la spatule, ajoutez l'huile et faites cuire **3 minutes à 90 °C / vitesse 1**.

3. Coupez la chair de butternut en cubes d'environ 2 cm et ajoutez-les dans le bol. Ajoutez 80 cl d'eau et le cube de bouillon. Assaisonnez et faites cuire **20 minutes à 90 °C / vitesse 1**. Mixez **1 minute / vitesse 8**.

4. Ajoutez la polenta et faites cuire **3 minutes à 90 °C / vitesse 2**.

Conseil

Pour parfumer cette soupe, vous pouvez ajouter 4 feuilles de sauge en même temps que la polenta.

Soupe DE FANES de radis

PRÉPARATION : 10 MIN

CUISSON : 18 MIN

POUR 4 PERS.

INGRÉDIENTS

- 250 g de fanes de radis (1 botte)
- 1 oignon
- 200 g de pommes de terre à purée
- 1 cube de bouillon de légumes
- Sel et poivre

PRÉPARATION

1. Épluchez et coupez l'oignon en quatre. Placez-le dans le bol du robot et mixez **5 secondes / vitesse 6** avec le gobelet doseur. Raclez les parois avec la spatule.

2. Épluchez et coupez les pommes de terre en cubes. Ajoutez-les dans le bol mixeur avec 35 cl d'eau et le cube de bouillon. Assaisonnez et faites cuire **15 minutes à 90 °C / vitesse 1**.

3. Lavez les fanes de radis, ajoutez-les dans le bol et faites cuire **3 minutes à 90 °C / vitesse 1**.

4. Mixez **1 minute / vitesse 8**.

Info

Les fanes de radis flétrissent assez rapidement, ne tardez pas à préparer cette soupe !

GASPACHO *vert*

PRÉPARATION : 8 MIN

POUR 4 PERS.

INGRÉDIENTS

- 250 g de tomates vertes
- ½ avocat
- 40 g de pousses d'épinards
- 2 oignons nouveaux
- ¼ de concombre
- Le jus de ½ citron
- 2 brins de basilic
- 150 g de glaçons
- 30 g de pistaches (facultatif)

PRÉPARATION

1. Coupez en morceaux les tomates, le concombre et la chair de l'avocat. Pelez et coupez les oignons en tronçons. Lavez et égouttez les épinards et le basilic.
2. Déposez le tout dans le bol mixeur et ajoutez le jus de citron. Mixez **30 secondes / vitesse 8** avec le gobelet doseur.
3. Raclez les parois à l'aide de la spatule. Assaisonnez et ajoutez les glaçons. Mixez **1 minute / vitesse 8**.
4. Servez le gaspacho dans des verrines, parsemé de pistaches hachées.

Conseil

Vous pouvez préparer ce gaspacho un peu à l'avance et le laisser au réfrigérateur le temps que tous les arômes se mélangent bien.

Velouté CHOU-FLEUR courgette

PRÉPARATION : 5 MIN

CUISSON : 25 MIN

POUR 4 PERS.

INGRÉDIENTS

- 400 g de chou-fleur
- 300 g de courgettes
- 1 gousse d'ail
- 1 cube de bouillon de légumes
- 60 ml de crème liquide allégée
- Sel et poivre

PRÉPARATION

1. Pelez la gousse d'ail et coupez-la en deux. Coupez les bouquets de chou-fleur et les courgettes en rondelles.

3. Placez dans le bol mixeur l'ail, le chou-fleur, le cube de bouillon et 0,5 litre d'eau. Faites cuire **15 minutes à 90 °C / vitesse 2** avec le gobelet doseur.

3. Ajoutez les courgettes et faites cuire **10 minutes à 90 °C / vitesse 2**.

4. Ajoutez la crème liquide, assaisonnez et mixez **2 minutes de la vitesse 2 à la vitesse 8**.

Astuce

Vous pouvez parfumer ce velouté en ajoutant quelques pincées de curry en même temps que la crème liquide.

SOUPE ÉPICÉE à la tomate

PRÉPARATION : 5 MIN

CUISSON : 32 MIN

POUR 4 PERS.

INGRÉDIENTS

- 400 g de tomates concassées
- 1 gros oignon
- 2 gousses d'ail
- 1 c. à soupe d'huile d'olive
- 1 cube de bouillon de légumes
- 60 g de riz
- 1 c. à café de ras el-hanout
- ½ c. à café de harissa
- ½ c. à café de sarriette séchée
- 6 brins de coriandre
- Sel

PRÉPARATION

1. Pelez l'ail et l'oignon. Coupez l'oignon en huit et placez-le dans le bol mixeur avec l'ail.
2. Mixez **8 secondes / vitesse 6** avec le gobelet doseur puis raclez les parois à l'aide de la spatule.
3. Ajoutez l'huile et faites cuire en **mode saisir / 7 minutes à 110 °C**.
4. Hachez grossièrement la coriandre. Ajoutez les tomates concassées, le cube de bouillon, 70 cl d'eau, le riz, le ras el-hanout, la harissa, la sarriette et la moitié de la coriandre. Salez à votre goût et faites cuire **25 minutes à 90 °C / vitesse 2**.
5. Servez la soupe saupoudrée du reste de coriandre hachée.

Variante

Vous pouvez remplacer la coriandre par du persil plat.

SOUPE aux deux céleris

PRÉPARATION : 10 MIN

CUISSON : 30 MIN

POUR 4 PERS.

INGRÉDIENTS

- 400 g de céleri-rave
- 3 branches de céleri
- 200 g de pommes de terre à purée
- 1 oignon
- ¼ de c. à café de curry en poudre
- ¼ de c. à café de gingembre en poudre
- Crème liquide allégée (facultatif)
- Sel et poivre

PRÉPARATION

1. Pelez et coupez l'oignon en huit. Pelez et coupez le céleri-rave et les pommes de terre en dés. Émincez le céleri branche et réservez-en un tiers pour la fin.

2. Déposez tous les légumes dans le bol mixeur. Ajoutez les épices et 1 litre d'eau. Salez, poivrez et faites cuire **30 minutes à 90 °C / vitesse 1** avec le gobelet doseur.

3. Mixez **10 secondes / vitesse 8**, raclez les parois et mixez de nouveau **5 secondes / vitesse 8**.

4. Servez avec un filet de crème et quelques feuilles de céleri émincées.

Info

Aussi bonne chaude que froide !

GASPACHO de poivrons

PRÉPARATION : 10 MIN

POUR 4 PERS.

INGRÉDIENTS

- 600 g de poivrons rouges
- 150 g de tomates
- 60 g de concombre
- 1 gousse d'ail
- 90 g d'oignon rouge
- 2 brins de basilic effeuillés
- 1 c. à soupe d'huile d'olive
- 1 c. à café de sucre en poudre
- Sel et poivre

PRÉPARATION

1. Pelez le concombre, l'oignon et l'ail. Ôtez les pédoncules et les graines des poivrons et des tomates. Coupez tous les légumes en morceaux et placez-les dans le bol mixeur. Ajoutez le basilic. Mixez **3 minutes** en augmentant progressivement la **vitesse de 4 à 8**, avec le gobelet doseur. Raclez les parois à l'aide de la spatule.

2. Ajoutez le sucre et l'huile, assaisonnez et mixez de nouveau en **vitesse 8**.

Conseil

Réservez ce gaspacho au frais pendant quelques heures pour que tous les arômes se mélangent avant de le servir.

Soupe asiatique AUX BOULETTES de poulet

PRÉPARATION : 15 MIN
CUISSON : 20 MIN
POUR 4 PERS.

INGRÉDIENTS

- 120 g de nouilles chinoises de blé
- 1 cube de bouillon de volaille
- 1 petite courgette
- 1 c. à soupe de nuoc-mâm
- 1 bâton de citronnelle
- Jus de citron vert

Pour les boulettes

- 300 g de blanc de poulet
- 1 échalote
- 1 pincée de piment fort en poudre
- 1 c. à café de nuoc-mâm
- 1 c. à soupe de Maïzena
- 4 brins de coriandre
- 1 c. à café de gingembre frais râpé

PRÉPARATION

1. Coupez les blancs de poulet en cubes. Placez-les au congélateur pendant 1 heure. Pelez l'échalote et coupez-la en quatre, hachez la coriandre. Placez le tout dans le bol mixeur et mixez **2 secondes en mode turbo** avec le gobelet doseur. Raclez les parois, ajoutez le poulet puis mixez **10 secondes en mode turbo**. Ajoutez le piment, le nuoc-mâm, la Maïzena et le gingembre puis mélangez **20 secondes / vitesse 6**.

2. Formez des boulettes d'environ 30 g puis placez-les dans le panier vapeur. Versez 1 litre d'eau, le cube de bouillon, la citronnelle et le nuoc-mâm dans le bol mixeur. Installez le panier vapeur, couvrez et faites cuire en **mode vapeur / 15 minutes**.

3. Taillez la courgette en tagliatelles. Enlevez le panier vapeur. Mettez les nouilles dans le bol mixeur et faites-les cuire **5 minutes à 90 °C / sens inverse / vitesse 1** avec le gobelet doseur. Ajoutez les courgettes et laissez reposer 1 minute.

4. Disposez le bouillon et les boulettes avec un trait de jus de citron.

Attention

Vérifiez le temps de cuisson des nouilles et adaptez-le éventuellement.

Bouillon asiatique AUX CREVETTES et au brocoli

PRÉPARATION : 5 MIN

CUISSON : 9 MIN

POUR 4 PERS.

INGRÉDIENTS

- 16 crevettes crues décortiquées surgelées
- 1 pied de brocoli
- 120 g de nouilles chinoises de blé

Pour le bouillon

- 1 bâton de citronnelle
- 1 étoile de badiane
- 15 g de gingembre frais
- 1 c. à café de nuoc-mâm
- 1 gousse d'ail

PRÉPARATION

1. Coupez le brocoli en petits bouquets et placez-les dans le panier vapeur profond.
2. Coupez la citronnelle en tronçons et le gingembre en tranches. Pelez la gousse d'ail.
3. Versez dans le bol mixeur 1 litre d'eau et tous les ingrédients du bouillon.
4. Installez le panier vapeur, couvrez et faites cuire en **mode cuisson vapeur / 5 minutes**.
5. Enlevez le panier vapeur. Ajoutez les crevettes et les pâtes dans le bol mixeur et faites cuire **4 minutes à 90 °C / sens inverse / vitesse 1**, avec le gobelet doseur. Pensez à vérifier le temps de cuisson des nouilles et ajustez-le éventuellement.
8. Répartissez le brocoli dans les assiettes creuses puis ajoutez le contenu du bol mixeur.

Astuce

Si les pâtes ne sont pas assez cuites, laissez-les reposer dans le bol mixeur.

SOUPE CAJUN
au poulet

PRÉPARATION : 10 MIN

CUISSON : 34 MIN

POUR 4 PERS.

INGRÉDIENTS

- 350 g de blanc de poulet
- 200 g de haricots rouges cuits au naturel (poids égoutté)
- 100 g de maïs cuit au naturel (poids égoutté)
- 100 g de sauce tomate (voir p. 12)
- 1 oignon
- 1 branche de céleri
- 50 cl de bouillon de volaille
- 2 c. à café d'épices cajuns
- 1 c. à café d'huile de tournesol
- Crème liquide allégée
- Quelques feuilles de céleri
- Sel et poivre

PRÉPARATION

1. Pelez et coupez l'oignon en quatre. Coupez le céleri en tronçons. Mettez-les dans le bol mixeur et mixez **5 secondes / vitesse 5** avec le gobelet doseur. Coupez le poulet en cubes et ajoutez-le dans le bol mixeur. Ajoutez l'huile et faites cuire en **mode saisir / 14 minutes à 110 °C** sans le gobelet doseur.

2. Ajoutez le bouillon, la sauce tomate et les épices, salez, poivrez et faites cuire **10 minutes à 90 °C / sens inverse / vitesse 1**. Ajoutez le maïs et les haricots rouges et poursuivez la cuisson **10 minutes à 90 °C / sens inverse / vitesse 1**.

3. Servez avec un trait de crème liquide et quelques feuilles de céleri.

Conseil

Pour plus de piquant, ajoutez quelques gouttes de Tabasco au moment de servir.

SOUPE petits pois-courgettes

PRÉPARATION : 10 MIN

CUISSON : 30 MIN

POUR 4 PERS.

INGRÉDIENTS

- 500 g de petits pois frais écossés
- 2 courgettes
- 2 oignons nouveaux
- 2 gousses d'ail
- 1 petite sucrine
- 1 l de bouillon de légumes
- 4 c. à soupe de ricotta
- Quelques feuilles de menthe et d'oseille rouge (facultatif)

Astuce

Vous pouvez varier les herbes et remplacer l'oseille rouge par de la roquette.

PRÉPARATION

1. Pelez et dégermez l'ail. Coupez les courgettes en morceaux et les oignons en deux ou en quatre selon leur taille ; coupez le vert en tronçons.
2. Mettez l'ail et les oignons dans le bol mixeur et mixez **5 secondes / vitesse 5** avec le gobelet doseur.
3. Ajoutez le bouillon, la sucrine, la courgette et les trois quarts des petits pois. Salez, poivrez et faites cuire **20 minutes à 90 °C / vitesse 1** avec le gobelet doseur.
4. Mixez **10 secondes / vitesse 8**. Ajoutez éventuellement un peu de bouillon si vous souhaitez une soupe plus fluide.
5. Ajoutez les petits pois restants et poursuivez la cuisson **10 minutes à 90 °C / vitesse 1**.
6. Servez la soupe dans les assiettes. Déposez-y une cuillerée à soupe de ricotta et parsemez-la de feuilles de menthe et d'oseille rouge.

SOUPE FROIDE de concombre

PRÉPARATION : 5 MIN

POUR 4 PERS.

INGRÉDIENTS

- 1 concombre
- 2 oignons nouveaux
- 2 gousses d'ail
- 180 g de yaourt grec 0 %
- 3 brins d'aneth
- 1 c. à café de tahin
- Sel et poivre

PRÉPARATION

1. Pelez et coupez l'ail et les oignons en deux puis mettez-les dans le bol mixeur. Mixez 2 secondes en **mode turbo** avec le gobelet doseur et raclez les parois avec la spatule.

2. Coupez le concombre en grosses rondelles. Ajoutez-le dans le bol mixeur avec l'aneth et mixez **10 secondes / vitesse 8**.

3. Ajoutez 15 cl d'eau, le yaourt et le tahin, salez, poivrez puis mélangez **10 secondes / vitesse 1**.

Conseil

Vous pouvez ajouter un peu d'oignon nouveau finement émincé sur la soupe.

Velouté AUX CHAMPIGNONS, ail et fines herbes

PRÉPARATION : 10 MIN

CUISSON : 20 MIN

POUR 4 PERS.

INGRÉDIENTS

- 400 g de champignons de Paris
- 2 gousses d'ail
- 6 brins de ciboulette
- 4 brins de cerfeuil
- 2 brins de persil
- 1 échalote
- 20 cl de bouillon de légumes
- 120 g de ricotta
- 20 cl de lait écrémé
- Sel et poivre

Variante

Vous pouvez remplacer une partie des champignons de Paris par des champignons sauvages.

PRÉPARATION

1. Coupez les herbes grossièrement. Pelez les gousses d'ail et l'échalote et coupez l'échalote en quatre. Nettoyez les champignons puis coupez-les en deux ou en quatre selon leur taille.

2. Placez dans le bol mixeur les herbes et une gousse d'ail. Mixez en **mode turbo / 2 secondes** avec le gobelet doseur. Raclez les parois avec la spatule et mixez de nouveau en **mode turbo / 2 secondes**. Raclez à nouveau les parois avec la spatule.

3. Ajoutez la ricotta, salez, poivrez et mélangez **8 secondes / vitesse 3**. Réservez.

4. Mettez les champignons, l'échalote, la deuxième gousse d'ail, le bouillon et le lait dans le bol mixeur et faites cuire **20 minutes à 90 °C / vitesse 2**.

5. Mixez 20 secondes en augmentant progressivement la **vitesse de 4 à 8**.

6. Servez le velouté de champignons accompagné de la ricotta ail et fines herbes.

SOUPE CHINOISE au bœuf

PRÉPARATION : 15 MIN

CUISSON : 29 MIN

POUR 4 PERS.

INGRÉDIENTS

- 300 g d'entrecôte de bœuf
- 150 g de vermicelles de riz
- 150 g de pousses de bambou
- 150 g de carottes
- 2 gousses d'ail
- 1 poignée de pousses d'épinards
- 5 cives
- 75 cl de bouillon de bœuf
- 5 g de gingembre frais
- 2 c. à soupe de sauce soja
- ½ c. à café d'épices 5 parfums
- 1 c. à café d'huile de tournesol
- Poivre

PRÉPARATION

1. Faites cuire les vermicelles dans une casserole en suivant les indications portées sur l'emballage puis égouttez-les et réservez-les.

2. Pelez les carottes et l'ail. Coupez les carottes en rondelles, l'ail en deux, les cives en tronçons, le bœuf en dés et le gingembre en tranches.

3. Placez l'huile, les cives, l'ail, la viande et les carottes dans le bol mixeur. Faites cuire en **mode saisir / 14 minutes à 120 °C** sans le gobelet doseur.

4. Ajoutez les épices, le gingembre, la sauce soja et le bouillon puis faites cuire **15 minutes à 100 °C / sens inverse / vitesse 1**.

5. Ajoutez les pousses de bambou, les pousses d'épinards et les vermicelles. Poivrez et mélangez **3 minutes / sens inverse / vitesse 1**.

Variante

Vous pouvez ajouter un bol de germes de soja dans la soupe au moment de la servir.

Potage POMMES DE TERRE *maïs et crevettes*

PRÉPARATION : 10 MIN

CUISSON : 52 MIN

POUR 4 PERS.

INGRÉDIENTS

- Une vingtaine de grosses crevettes crues surgelées
- 500 g de pommes de terre à purée
- 200 g de maïs cuit au naturel
- 1 petit poireau
- 1 gousse d'ail
- 50 cl de bouillon de légumes
- 10 cl de lait écrémé
- 4 brins de persil effeuillés
- 1 c. à café d'huile de tournesol
- Sel et poivre

Conseil

Il n'est pas utile de décongeler les crevettes à l'avance pour cette recette.

PRÉPARATION

1. Pelez les pommes de terre et coupez-les en dés. Pelez la gousse d'ail. Coupez le poireau en rondelles.

2. Mettez l'huile, le poireau et l'ail dans le bol mixeur et faites cuire en **mode saisir / 7 minutes à 120 °C** sans le gobelet doseur. Mixez **5 secondes / vitesse 8** avec le gobelet doseur. Raclez les parois avec la spatule.

3. Ajoutez les pommes de terre et le bouillon, salez et poivrez. Faites cuire **40 minutes à 100 °C / vitesse 1**. Mixez **10 secondes / vitesse 6**.

4. Ajoutez le maïs, le lait et les crevettes et poursuivez la cuisson **5 minutes à 90 °C / sens inverse / vitesse 1**.

5. Répartissez la soupe dans des bols ou des assiettes creuses et parsemez-la de feuilles de persil.

Soupe PARFUMÉE au potimarron

PRÉPARATION : 10 MIN

CUISSON : 32 MIN

POUR 4 PERS.

INGRÉDIENTS

- 500 g de chair de potimarron
- 1 oignon
- 50 cl de bouillon de légumes
- 10 cl de lait de coco allégé
- 1 c. à café de gingembre finement râpé
- 1 bâton de citronnelle
- 1 c. à café d'huile de tournesol
- Quelques feuilles de coriandre
- Graines de courge
- Sel et poivre

PRÉPARATION

1. Coupez le bâton de citronnelle en trois et la chair de potimarron en dés.
2. Pelez l'oignon, coupez-le en quatre et mettez-le dans le bol mixeur. Mixez en **mode turbo / 2 secondes** avec le gobelet doseur.
3. Ajoutez le bouillon, l'huile et faites cuire en **mode saisir / 7 minutes à 120 °C**.
4. Ajoutez le potimarron, la citronnelle et le gingembre. Salez, poivrez et faites cuire **20 minutes à 100 °C / vitesse 1**.
5. Retirez les bâtons de citronnelle. Ajoutez le lait de coco et poursuivez la cuisson **5 minutes à 90 °C / vitesse 3**.
6. Servez saupoudré de feuilles de coriandre et de graines de courge.

Variante

Ajoutez ½ piment oiseau en même temps que la citronnelle et le gingembre pour relever la soupe.

Potage à la tomate ET AUX COCOS de Paimpol

PRÉPARATION : 15 MIN

CUISSON : 45 MIN

POUR 4 PERS.

INGRÉDIENTS

- 600 g de tomates
- 200 g de cocos de Paimpol écossés
- 5 gousses d'ail
- 50 cl de bouillon de légumes
- 1 c. à soupe de double concentré de tomate
- 6 brins de basilic effeuillés
- 4 tranches de pain de campagne
- Sel et poivre

PRÉPARATION

1. Pelez les gousses d'ail, mettez quatre gousses dans le bol mixeur et mixez en **mode turbo / 2 secondes** avec le gobelet doseur.
2. Coupez les tomates en cubes et ajoutez-les dans le bol mixeur avec les cocos de Paimpol, le concentré de tomate, la moitié des feuilles de basilic et le bouillon. Salez, poivrez et faites cuire **45 minutes à 100 °C / sens inverse / vitesse 1**.
3. Faites griller les tranches de pain au grille-pain. Frottez-les avec la gousse d'ail restante et coupez-les en dés.
4. Servez le potage en répartissant dessus les croûtons à l'ail et les feuilles de basilic restantes.

Astuce

Vous pouvez utiliser de la tomate concassée à la place des tomates fraîches.

Soupe de nouilles CHINOISES au crabe et au maïs

PRÉPARATION : 10 MIN

CUISSON : 17 MIN

POUR 4 PERS.

INGRÉDIENTS

- 100 g de tagliatelles de riz
- 150 g de chair de crabe
- 200 g de maïs cuit au naturel (poids égoutté)
- 2 œufs
- 70 cl de bouillon de volaille
- 3 oignons nouveaux
- 20 g de gingembre frais
- 1 c. à soupe de sauce soja

Attention

Vérifiez le temps de cuisson des tagliatelles de riz et adaptez-le.

PRÉPARATION

1. Émincez séparément le blanc et le vert des oignons. Coupez le gingembre en tranches.
2. Mettez le gingembre et le blanc des oignons dans le bol mixeur. Faites revenir en **mode saisir / 7 minutes à 110 °C**.
3. Battez les œufs dans un bol.
4. Ajoutez le bouillon, la sauce soja, le maïs et le crabe et faites cuire **5 minutes à 90 °C / sens inverse / vitesse 1** sans le gobelet doseur. Ajoutez les œufs battus en filet par l'orifice à la dernière minute de cuisson.
5. Ajoutez les pâtes et poursuivez la cuisson **5 minutes à 90 °C / sens inverse / vitesse 1**.
6. Servez après avoir ajouté le vert des oignons.

SOUPE D'UDONS
aux légumes

PRÉPARATION : 15 MIN

CUISSON : 25 MIN

POUR 4 PERS.

INGRÉDIENTS

- 100 g d'udons secs
- 4 œufs
- 2 carottes
- 1 blanc de poireau
- 50 g de pois gourmands
- 1 chou pak choï
- 4 shiitakés
- 3 cives
- 10 g de gingembre frais
- ½ c. à café d'épices 5 parfums
- 75 cl de bouillon de légumes
- 1 c. à soupe de sauce soja
- 1 c. à soupe de mirin

Variante

Vous pouvez remplacer les udons par des ramens.

PRÉPARATION

1. Faites cuire les udons dans une casserole en suivant les indications portées sur l'emballage puis réservez-les.

2. Faites durcir les œufs 10 minutes dans une casserole d'eau bouillante.

3. Pelez les carottes et coupez-les en allumettes. Émincez les cives, le blanc de poireau et les shiitakés. Coupez le pak choï en quatre dans la longueur.

4. Versez le bouillon dans le bol mixeur et faites-le chauffer **5 minutes à 100 °C / vitesse 1** avec le gobelet doseur.

5. Ajoutez les légumes, le gingembre, la sauce soja, le mirin et les épices. Faites cuire **20 minutes à 90 °C / sens inverse / vitesse 1**.

6. Écalez les œufs et coupez-les en deux. Répartissez les udons dans des bols, versez le bouillon aux légumes dessus et ajoutez les demi-œufs.

VELOUTÉ de cresson

PRÉPARATION : 5 MIN

CUISSON : 37 MIN

POUR 4 PERS.

INGRÉDIENTS

- 1 botte de cresson
- 2 oignons
- 300 g de pommes de terre à purée
- 1 c. à café d'huile de tournesol
- Crème liquide allégée

PRÉPARATION

1. Pelez les oignons et coupez-les en quatre. Placez-les dans le bol mixeur et mixez **5 secondes / vitesse 5** avec le gobelet doseur.
2. Raclez les parois avec la spatule. Ajoutez l'huile et faites cuire en **mode saisir / 7 minutes à 120 °C**.
3. Pelez les pommes de terre et coupez-les en cubes. Mettez-les dans le bol mixeur avec le cresson. Ajoutez 1 litre d'eau et faites cuire **30 minutes à 100 °C / vitesse 1**.
4. Assaisonnez et mixez **2 minutes** en augmentant la **vitesse de 6 à 10**.
5. Servez dans des assiettes creuses et ajoutez un filet de crème liquide.

Viandes

SAUTÉ DE DINDE
à l'orientale

PRÉPARATION :
10 MIN

CUISSON :
28 MIN

POUR
4
PERS.

INGRÉDIENTS

- 500 g de blancs de dinde
- 300 g de pulpe de tomate
- 1 gros oignon
- 1 c. à café de fond de volaille
- 1 c. à café de ras el-hanout
- 1 c. à café de harissa
- 6 brins de coriandre effeuillés
- 200 g de boulgour
- ¼ de c. à café de sel

Attention

Vérifiez le temps de cuisson du boulgour sur l'emballage et ajustez-le si nécessaire.

PRÉPARATION

1. Versez le boulgour, 1 litre d'eau et le sel dans le bol mixeur et faites cuire **6 minutes à 100 °C / vitesse 1** avec le gobelet doseur.
2. Égouttez le boulgour et réservez. Rincez le bol mixeur.
3. Coupez le blanc de dinde en cubes. Pelez et coupez l'oignon en huit. Placez-le dans le bol mixeur et mixez **5 secondes / vitesse 6** avec le gobelet doseur. Raclez les parois à l'aide de la spatule et ajoutez les cubes de dinde et l'huile.
4. Faites cuire en **mode saisir / 7 minutes à 110 °C** sans le gobelet doseur.
5. Ajoutez le fond de volaille, la pulpe de tomate, le ras el-hanout et la harissa. Faites cuire **15 minutes à 90 °C / sens inverse / vitesse 1**.
6. Servez avec le boulgour et les feuilles de coriandre.

DINDE
aux poivrons

PRÉPARATION : 15 MIN

CUISSON : 34 MIN

POUR 4 PERS.

INGRÉDIENTS

- 600 g de blanc de dinde
- 4 poivrons rouges
- 2 oignons
- 2 gousses d'ail
- 400 g de tomates
- ¼ de c. à café de piment d'Espelette
- 1 c. à café de paprika
- 1 c. à café d'herbes de Provence
- 1 c. à café d'huile d'olive
- Sel

PRÉPARATION

1. Pelez l'ail, placez-le dans le bol mixeur et mixez **2 secondes** en **mode turbo** avec le gobelet doseur. Raclez les parois à l'aide de la spatule.

2. Pelez et émincez les oignons. Coupez la viande en cubes. Ajoutez le tout dans le bol mixeur avec l'huile. Faites cuire en **mode saisir / 14 minutes à 110 °C** sans le gobelet doseur.

3. Enlevez les pédoncules et les graines des poivrons et des tomates, puis coupez-les en cubes. Ajoutez-les dans le bol mixeur avec le piment, le paprika et les herbes de Provence. Salez à votre goût.

4. Faites cuire **20 minutes à 90 °C / sens inverse / vitesse 1**.

Astuce

Servez avec quelques tomates cerises fraîches pour plus de fraîcheur !

Gratin DE DINDE rouge et vert

PRÉPARATION : 15 MIN

CUISSON : 54 MIN

POUR 4 PERS.

INGRÉDIENTS

- 800 g de sauté de dinde en cubes (cuisse)
- 400 g de bouquets de brocoli
- 400 g de pommes de terre
- 1 oignon
- 1 gousse d'ail
- 400 g de sauce tomate (voir p. 12)
- 1 c. à café d'huile de tournesol
- 1 petit bouquet de cerfeuil
- Sel et poivre

Variante

Vous pouvez remplacer le cerfeuil par du persil.

PRÉPARATION

1. Pelez l'oignon et l'ail, coupez-les en quatre et mettez-les dans le bol mixeur. Mixez **5 secondes / vitesse 7** avec le gobelet doseur. Raclez les parois, ajoutez l'huile et la viande et faites saisir **14 minutes à 110 °C** sans le gobelet doseur.
2. Ajoutez la sauce tomate et faites cuire **15 minutes à 90 °C / sens inverse / vitesse 1**. Transférez dans un plat à gratin. Lavez le bol mixeur.
3. Pelez les pommes de terre, coupez-les en gros morceaux et mettez-les dans le panier cuisson.
4. Versez 1,5 litre d'eau et du sel dans le bol mixeur. Installez le panier cuisson et faites cuire **20 minutes à 110 °C / vitesse 1**.
5. Posez les brocolis dans le panier vapeur profond et faites cuire en **mode cuisson vapeur / 5 minutes**. Videz l'eau du bol mixeur.
6. Mettez-y les légumes et le cerfeuil et mixez **20 secondes / vitesse 6**. Raclez les parois et mixez de nouveau **20 secondes / vitesse 6**.
7. Préchauffez le four à 210 °C (th. 7). Recouvrez la viande de purée et enfournez pour 10 minutes.

WATERZOÏ au poulet

PRÉPARATION : 20 MIN

CUISSON : 40 MIN

POUR 4 PERS.

INGRÉDIENTS

- 600 g de blancs de poulet
- 300 g de pommes de terre
- 200 g de carottes
- 1 poireau
- 3 oignons nouveaux
- 1 branche de céleri
- 1 l de bouillon de volaille
- 2 jaunes d'œufs
- 150 g de crème liquide allégée
- Sel et poivre

PRÉPARATION

1. Pelez les carottes et les pommes de terre. Coupez le poulet et les pommes de terre en cubes, les carottes et le poireau en rondelles et les oignons en deux ou en quatre selon leur taille. Émincez le céleri.
2. Déposez le tout dans le bol mixeur. Versez-y le bouillon et assaisonnez.
3. Faites cuire **40 minutes à 90 °C / sens inverse / vitesse 1** avec le gobelet doseur.
4. Transférez le waterzoï dans une passoire et récupérez 0,5 litre de bouillon de cuisson.
5. Remettez-le dans le bol mixeur. Ajoutez les jaunes d'œufs et la crème puis assaisonnez. Mélangez **1 minute / vitesse 3**.
6. Servez le waterzoï nappé de la sauce.

Variante

Le waterzoï peut aussi se préparer avec du poisson, du cabillaud par exemple. Dans ce cas, faites-le cuire à part à la vapeur.

Boulettes DE POULET *sauce curry*

PRÉPARATION : 30 MIN

CUISSON : 25 MIN

REPOS : 1 H

POUR 4 PERS.

INGRÉDIENTS

- 240 g de riz trois couleurs
- ½ mangue
- 1 c. à café de zeste de citron vert finement râpé (facultatif)

Pour la sauce

- 2 échalotes
- 2 poivrons jaunes
- 1 gousse d'ail
- 1 cive
- 1 c. à café de gingembre râpé
- 2 c. à café de pâte de curry orange
- 400 g de lait de coco allégé
- 1 c. à soupe de nuoc-mâm
- 1 c. à café d'huile d'arachide

Pour les boulettes

- 400 g de blanc de poulet
- 2 échalotes
- 1 c. à café de pâte de curry orange
- 1 c. à soupe de Maïzena

PRÉPARATION

1. Faites cuire le riz dans une casserole en suivant les indications.

2. Coupez les blancs de poulet en cubes. Placez-les au congélateur pendant 1 heure. Pelez et coupez les échalotes en quatre, placez-les dans le bol mixeur et mixez en **mode turbo / 1 secondes** avec le gobelet doseur. Raclez les parois, ajoutez le poulet puis mixez en **mode turbo / 8 seconde**. Ajoutez la pâte de curry et la Maïzena puis mélangez **20 secondes / vitesse 6**. Formez des boulettes d'environ 30 g puis placez-les dans le panier vapeur.

3. Versez 0,5 litre d'eau dans le bol mixeur. Installez le panier vapeur, couvrez et faites cuire en **mode vapeur / 15 minutes**.

4. Pelez l'ail, l'échalote et la cive, coupez l'échalote en quatre, les poivrons en cubes et la cive en tronçons. Placez-les dans le bol mixeur et mixez en **mode turbo / 1 seconde** avec le gobelet doseur.

5. Ajoutez les poivrons, le nuoc-mâm, le gingembre râpé, la pâte de curry et le lait

Conseil

Vous pouvez remplacer la coriandre par du persil plat.

de coco. Faites cuire **10 minutes à 90 °C / vitesse 3**. Mixez **30 secondes** en augmentant progressivement la **vitesse de 4 à 8**.

6 Servez le riz, les boulettes arrosées de sauce, la mangue coupée en très fines tranches et terminez en saupoudrant de coriandre et de zeste de citron.

SAUCE BOLOGNAISE *au poulet*

PRÉPARATION : 10 MIN

CUISSON : 22 MIN

POUR 4 PERS.

INGRÉDIENTS

- 2 blancs de poulet
- 400 g de sauce tomate (voir p. 12) ou de pulpe de tomate
- 2 carottes
- 1 branche de céleri
- 1 oignon
- 1 c. à soupe de concentré de tomate
- 5 cl d'eau
- 2 c. à café d'huile d'olive

PRÉPARATION

1. Pelez les carottes et l'oignon et coupez-les en morceaux. Coupez le céleri en petits tronçons et la viande en cubes.
2. Placez carottes, céleri et oignon dans le bol mixeur et mixez **10 secondes / vitesse 5** avec le gobelet doseur. Ajoutez le poulet et mixez de nouveau **10 secondes / vitesse 5**.
3. Ajoutez l'huile et faites cuire en **mode saisir / 7 minutes à 90 °C** sans le gobelet doseur.
4. Ajoutez la sauce tomate (ou la pulpe), le concentré de tomate et l'eau. Faites cuire **15 minutes à 110 °C / vitesse 1**.
5. N'hésitez pas à ajouter un peu d'eau si vous souhaitez une sauce plus fluide.

Info

Parfait pour accompagner des pâtes !

WRAPS
au poulet

PRÉPARATION : 15 MIN

CUISSON : 20 MIN

POUR 4 PERS.

INGRÉDIENTS

- 4 tortillas (voir p. 18)
- 200 g de sauce tomate pimentée (voir p. 13)
- 2 blancs de poulet
- 1 poivron rouge
- 90 g de maïs cuit au naturel (poids égoutté)
- 2 oignons nouveaux
- 1 poignée de mesclun
- Sel et poivre

PRÉPARATION

1. Préparez les tortillas en suivant la recette p. 18.
2. Coupez les blancs de poulet et le poivron en dés. Coupez le blanc des oignons en quatre et émincez le vert.
3. Mettez le blanc des oignons dans le bol mixeur et mixez **5 secondes / vitesse 5** avec le gobelet doseur.
4. Ajoutez le poivron et la viande et faites cuire en **mode saisir / 14 minutes à 120 °C** sans le gobelet doseur.
5. Ajoutez la sauce tomate pimentée et faites cuire **5 minutes à 90 °C / sens inverse / vitesse 1**.
6. Transférez le contenu du bol mixeur dans le panier cuisson, au-dessus d'un saladier, et réservez la sauce.
7. Répartissez la viande et les poivrons sur les tortillas. Ajoutez le maïs, le vert de l'oignon et le mesclun. Salez, poivrez et servez la sauce à part.

Conseil

Vous pouvez choisir de rouler les wraps avant de les servir.

Tomates FARCIES au poulet

PRÉPARATION : 20 MIN

CUISSON : 30 MIN

REPOS : 1 H

POUR 4 PERS.

INGRÉDIENTS

4 tomates

Pour les boulettes

300 g de blanc de poulet

1 petit oignon

5 feuilles de basilic

1 c. à soupe de double concentré de tomate

60 g de riz cuit (voir p. 19)

Sel et poivre

PRÉPARATION

1. Coupez les blancs de poulet en cubes. Placez-les au congélateur pendant 1 heure.
2. Préchauffez le four à 180 °C (th. 6).
3. Étêtez les tomates et videz-les. Pelez et coupez l'oignon en quatre. Placez-le dans le bol mixeur avec les feuilles de basilic et mixez **2 secondes en mode turbo** avec le gobelet doseur.
4. Raclez les parois avec la spatule, ajoutez le poulet puis mixez **6 secondes en mode turbo**. Ajoutez le riz et le concentré de tomate. Salez, poivrez puis mélangez **20 secondes / vitesse 6**.
5. Remplissez les tomates de farce, replacez le chapeau et enfournez pour 30 minutes.

Conseil

Parfait accompagné de riz blanc !

Bœuf CAROTTES à la tomate

PRÉPARATION : 10 MIN

CUISSON : 94 MIN

POUR 4 PERS.

INGRÉDIENTS

- 800 g de bœuf à braiser
- 600 g de carottes
- 200 g de sauce tomate (voir p. 12) ou de pulpe de tomate
- 2 oignons
- 15 cl de vin blanc sec
- 1 c. à soupe de farine
- 1 c. à café de fond de veau déshydraté
- 1 c. à café d'huile de tournesol
- 2 branches de thym
- 2 feuilles de laurier
- Sel et poivre

PRÉPARATION

1. Pelez et coupez les oignons en quatre. Détaillez la viande en morceaux.
2. Placez le tout dans le bol mixeur, ajoutez l'huile et faites cuire en **mode saisir / 14 minutes à 110 °C** sans le gobelet doseur.
3. Ajoutez la farine et le fond de veau, salez et poivrez. Mélangez **10 secondes / sens inverse / vitesse 1**. Ajoutez le vin blanc, l'eau, le thym et le laurier et faites cuire **50 minutes à 90 °C / sens inverse / vitesse 1** avec le gobelet doseur.
4. Pelez et coupez les carottes en tronçons et ajoutez-les dans le bol mixeur avec la sauce tomate. Poursuivez la cuisson **30 minutes à 90 °C / sens inverse / vitesse 1**.

Conseil

Servez avec des pâtes ou de la purée de pommes de terre.

Boulettes de bœuf AU POIVRON, *au quinoa* et à la patate douce

PRÉPARATION : 30 MIN

CUISSON : 35 MIN

POUR 4 PERS.

INGRÉDIENTS

- 200 g de quinoa
- 1 patate douce
- 100 g de pousses d'épinards

Pour la sauce

- 3 poivrons rouges
- 2 oignons
- 400 g de tomates concassées
- 1 c. à café d'origan séché
- ½ c. à café de ras el-hanout
- Sel

Pour les boulettes

- 500 g de bœuf haché à 5 % de matière grasse
- 1 oignon
- 4 brins de coriandre
- 1 c. à café de cumin en poudre
- 1 c. à café de coriandre en poudre
- 1 c. à café de harissa
- ½ c. à café de ras el-hanout
- Sel

PRÉPARATION

1. Faites cuire le quinoa puis égouttez-le bien et réservez-le dans un saladier.

2. Pelez et coupez l'oignon en huit. Hachez grossièrement la coriandre. Placez-les dans le bol mixeur et mixez en **mode turbo / 2 secondes** avec le gobelet doseur. Raclez les parois et mixez de nouveau en **mode turbo / 1 seconde**. Ajoutez la viande et les épices. Salez et mélangez **20 secondes / vitesse 4**. Formez des boulettes et déposez-les dans le panier vapeur plat.

3. Pelez et coupez la patate douce en dés et posez-les dans le panier vapeur profond. Versez 0,5 litre d'eau dans le bol mixeur. Installez les paniers vapeur, couvrez et faites cuire en **mode cuisson vapeur / 15 minutes**. Mélangez la patate douce dans le saladier avec le quinoa.

4. Coupez les poivrons en cubes. Pelez et coupez les oignons en quatre. Mettez-les dans le bol mixeur et mixez **10 secondes / vitesse 5** avec le gobelet doseur. Ajoutez les tomates concassées, l'origan et le ras el-hanout. Salez et faites cuire **20 minutes à 100 °C / vitesse 3** sans le gobelet doseur. Ajoutez les pousses d'épinards et mélangez **40 secondes / sens inverse / vitesse 1**.

5. Servez le quinoa aux patates douces avec les boulettes et nappez-les de sauce aux poivrons.

Attention

Vérifiez le temps de cuisson du quinoa et adaptez-le si nécessaire.

CHILI con carne

PRÉPARATION : 15 MIN

CUISSON : 34 MIN

POUR 4 PERS.

INGRÉDIENTS

- 4 steaks hachés à 5 % de matière grasse
- 400 g de haricots rouges cuits au naturel
- 1 poivron rouge
- 2 oignons
- 1 branche de céleri
- 200 g de sauce tomate concentrée (voir p. 12)
- 25 cl de bouillon de bœuf
- 2 c. à café d'épices à chili
- ¼ c. à café de cumin
- 4 brins de persil plat effeuillés
- 1 c. à café d'huile de tournesol
- Sel

PRÉPARATION

1. Pelez et coupez l'oignon en quatre. Coupez le céleri en petits tronçons et le poivron en cubes. Mettez l'oignon et le céleri dans le bol mixeur et mixez **5 secondes / vitesse 5** avec le gobelet doseur. Ajoutez l'huile et le poivron et faites cuire en **mode saisir / 14 minutes à 120 °C** sans le gobelet doseur.

2. Ajoutez le bouillon, la sauce tomate et les épices, salez puis faites cuire **5 minutes à 90 °C / sens inverse / vitesse 1**.

3. Coupez les steaks en morceaux et ajoutez-les dans le bol mixeur avec les haricots, puis faites cuire **15 minutes à 90 °C / sens inverse / vitesse 1**.

4. Servez le chili dans les assiettes et parsemez-le de feuilles de persil.

Variante

Vous pouvez remplacer le persil plat par de la coriandre.

Lasagnes AU BŒUF et aux légumes d'été

PRÉPARATION : 15 MIN

CUISSON : 67 MIN

POUR 4 À 6 PERS.

INGRÉDIENTS

- 1 douzaine de feuilles de lasagne
- 300 g de steak haché
- 3 poivrons
- 2 courgettes
- 1 oignon
- 2 gousses d'ail
- 1 dose de sauce tomate (voir p. 12)
- ½ dose de béchamel (voir p. 14)
- 4 branches de thym effeuillées
- Sel et poivre

Variante

Vous pouvez utiliser cette sauce à la viande et aux légumes d'été pour napper un plat de pâtes.

PRÉPARATION

1. Coupez les courgettes en demi-rondelles et les poivrons en cubes. Pelez l'ail et l'oignon, coupez l'ail en deux et l'oignon en huit.

2. Mettez l'ail et l'oignon dans le bol mixeur et mixez **10 secondes / vitesse 5** avec le gobelet doseur. Ajoutez les courgettes et les poivrons et faites cuire en **mode saisir / 14 minutes à 130 °C** sans le gobelet doseur.

3. Ajoutez la sauce tomate et la moitié du thym. Salez, poivrez et faites cuire **20 minutes à 110 °C / sens inverse / vitesse 1**. Ajoutez la viande et poursuivez la cuisson **3 minutes à 110 °C / sens inverse / vitesse 1**.

4. Mélangez le thym restant à la béchamel. Étalez un quart de la béchamel au fond d'un plat à gratin et couvrez de feuilles de lasagne. Déposez la moitié de la viande puis d'autres feuilles de lasagne. Recommencez puis terminez en recouvrant de béchamel.

5. Recouvrez d'une feuille d'aluminium en prenant soin de ne pas toucher la béchamel et enfournez pour 15 minutes. Retirez l'aluminium et poursuivez la cuisson 15 minutes.

BŒUF *aux oignons*

PRÉPARATION : 15 MIN

CUISSON : 27 MIN

REPOS : 2 H

POUR 4 PERS.

INGRÉDIENTS

- 700 g d'oignons
- 1 steak épais de 600 g
- 1 c. à soupe d'huile de tournesol
- 2 c. à soupe de sauce soja
- 1 c. à soupe de nuoc-mâm
- ¼ c. à café d'épices 5 parfums
- ½ piment oiseau
- 4 brins de coriandre effeuillés
- ½ c. à soupe de graines de sésame

Pour la marinade

- 2 c. à soupe de sauce soja
- 1 c. à soupe de nuoc-mâm
- ¼ c. à café d'épices 5 parfums
- ½ c. à café d'huile de sésame

PRÉPARATION

1. Mélangez tous les ingrédients de la marinade dans un sac de congélation. Ajoutez le steak et laissez mariner 2 heures au réfrigérateur.

2. Pelez et émincez les oignons. Mettez-les dans le bol mixeur avec l'huile. Faites cuire en **mode saisir / 14 minutes à 130 °C** sans le gobelet doseur.

3. Émincez le piment. Ajoutez le piment, les épices, le nuoc-mâm et la sauce soja dans le bol mixeur. Faites cuire **10 minutes à 130 °C / sens inverse / vitesse 1**.

4. Égouttez la viande. Faites chauffer une poêle antiadhésive à feu vif et faites-y dorer la viande de chaque côté.

5. Coupez-la en lamelles. Ajoutez-les dans le bol mixeur. Poursuivez la cuisson **3 minutes à 90 °C / sens inverse / vitesse 1**.

6. Servez en parsemant les assiettes de feuilles de coriandre et de graines de sésame.

Conseil

Vous pouvez servir votre bœuf aux oignons accompagné de riz blanc (voir p. 19).

PARMENTIER
aux deux cerfeuils

PRÉPARATION : 20 MIN

CUISSON : 55 MIN

POUR 4 PERS.

INGRÉDIENTS

- 500 g de steak haché à 5 % de matière grasse
- 300 g d'échalotes
- 2 gousses d'ail
- 1 cube de bouillon de volaille
- 10 cl d'eau
- 1 bouquet garni
- Sel et poivre

Pour la purée

- 400 g de cerfeuil tubéreux
- 500 g de pommes de terre à purée
- 1 bouquet de cerfeuil
- 10 cl de lait
- Sel et poivre

PRÉPARATION

1. Pelez et coupez les cerfeuils tubéreux et les pommes de terre en gros morceaux.

2. Disposez-les dans le panier de cuisson et mettez ce dernier en place. Salez, versez 0,5 litre d'eau dans le bol mixeur et faites cuire **30 minutes à 120 °C / vitesse 1** avec le gobelet doseur. Sortez le panier cuisson et videz l'eau.

3. Réservez quelques brins de cerfeuil et hachez le reste.

4. Mettez les pommes de terre et les cerfeuils dans le bol mixeur avec les feuilles de cerfeuil hachées et le lait tiédi. Salez, poivrez et mixez **6 secondes / vitesse 6**. Raclez les parois et mixez de nouveau **6 secondes / vitesse 6**.

5. Préchauffez le four à 200 °C (th. 6-7). Pelez l'ail et les échalotes. Coupez l'ail en deux et les échalotes en quatre. Mettez-les dans le bol mixeur et mixez **10 secondes / vitesse 5** avec le gobelet doseur.

6. Ajoutez le bouquet garni, le cube de bouillon et l'eau. Salez, poivrez et faites cuire **5 minutes à 90 °C / sens inverse / vitesse 1**. Ajoutez la viande et poursuivez la cuisson **5 minutes à 90 °C / sens inverse / vitesse 1**.

7. Retirez le bouquet garni et déposez la viande dans un plat à gratin. Étalez la purée par-dessus et enfournez pour une quinzaine de minutes.

Variante

Si vous ne trouvez pas de cerfeuils tubéreux, remplacez-les par des panais.

BLANQUETTE
de veau

PRÉPARATION : 15 MIN

CUISSON : 80 MIN

POUR 4 PERS.

INGRÉDIENTS

- 800 g de sauté de veau
- 1 branche de céleri
- 1 oignon
- 1 blanc de poireau
- 150 g de champignons de Paris
- 3 carottes nouvelles
- 2 c. à soupe de crème liquide allégée
- 15 cl de vin blanc
- ½ c. à soupe de jus de citron
- 20 g de farine
- 1 cube de bouillon de légumes
- 1 bouquet garni
- 2 clous de girofle
- Sel et poivre

PRÉPARATION

1. Pelez l'oignon et coupez-le en huit. Placez-le dans le bol mixeur. Ajoutez les morceaux de viande, le bouquet garni, le vin blanc, les clous de girofle, le cube de bouillon émietté et 0,5 litre d'eau. Faites cuire **40 minutes à 100 °C / sens inverse / vitesse 1** sans le gobelet doseur.
2. Coupez les carottes et le céleri en petits tronçons et le poireau en rondelles. Ajoutez-les dans le bol mixeur, salez, poivrez et poursuivez la cuisson **20 minutes à 90 °C / sens inverse / vitesse 1**.
3. Nettoyez les champignons et coupez-les en deux ou en quatre selon leur taille. Ajoutez-les dans le bol mixeur et faites cuire encore **10 minutes à 90 °C / sens inverse / vitesse 1**.
4. Videz le contenu du bol mixeur dans une passoire au-dessus d'un grand saladier.
5. Prélevez 300 g de bouillon, versez-le dans le bol mixeur. Ajoutez la crème, la farine et le jus de citron, salez, poivrez et faites cuire **10 minutes à 90 °C / vitesse 3**.
6. Servez la blanquette nappée de sauce.

Variante

Vous pouvez remplacer un tiers des champignons de Paris par des girolles.

NAVARIN de veau

PRÉPARATION : 15 MIN

CUISSON : 72 MIN

POUR 4 PERS.

INGRÉDIENTS

- 800 g de sauté de veau
- 400 g de pommes de terre à chair ferme
- 150 g de carottes nouvelles
- 150 g de navets nouveaux
- 150 g de haricots verts
- 150 g de petits pois écossés
- 5 petits oignons nouveaux
- 1 gousse d'ail
- 12 cl de vin blanc
- 1 c. à soupe de farine
- 1 cube de bouillon de volaille
- 1 c. à soupe de double concentré de tomate
- 1 bouquet garni
- 1 c. à café d'huile de tournesol
- Sel et poivre

PRÉPARATION

1. Pelez les pommes de terre et coupez-les en morceaux. Pelez les carottes, équeutez les haricots verts puis coupez le tout en tronçons.

2. Placez les pommes de terre, les carottes et les navets dans le panier vapeur profond, les haricots verts et les petits pois dans le panier vapeur plat. Versez 0,5 litre d'eau dans le bol mixeur, installez les paniers vapeur, couvrez et faites cuire en **mode cuisson vapeur / 15 minutes**.

3. Enlevez le panier vapeur plat, reposez le couvercle et poursuivez la cuisson vapeur **5 minutes** en ignorant le préchauffage. Vérifiez la cuisson et prolongez-la si nécessaire.

4. Pelez la gousse d'ail et écrasez-la avec le plat d'un couteau. Videz l'eau du bol mixeur et mettez-y l'huile, l'ail et la viande. Faites cuire en **mode saisir / 7 minutes à 120 °C** sans le gobelet doseur. Ajoutez la farine, salez, poivrez et mélangez **3 secondes / sens inverse / vitesse 1**. Ajoutez le bouquet garni, le vin et le concentré de tomate. Émiettez le cube de bouillon et faites cuire **45 minutes à 90 °C / sens inverse / vitesse 1**.

Conseil

Parsemez les assiettes de feuilles de persil au moment de servir.

Tagine de veau AUX CAROTTES et aux abricots

PRÉPARATION : 15 MIN

CUISSON : 54 MIN

POUR 4 PERS.

INGRÉDIENTS

- 600 g de sauté de veau
- 8 carottes nouvelles
- 10 abricots secs
- 1 oignon
- 5 g de gingembre frais
- 50 cl de bouillon de volaille
- 1 c. à café de ras el-hanout
- Sel

Variante

Vous pouvez remplacer les abricots secs par des figues sèches.

PRÉPARATION

1. Pelez l'oignon et le gingembre. Coupez l'oignon en huit et le gingembre en tranches. Placez-les dans le bol mixeur et mixez **5 secondes / vitesse 5** avec le gobelet doseur. Raclez les parois avec la spatule.

2. Ajoutez l'huile et la viande et faites dorer en **mode saisir / 14 minutes à 120 °C** sans le gobelet doseur.

3. Ajoutez le bouillon, le ras el-hanout et deux abricots secs. Salez et faites cuire **30 minutes à 100 °C / sens inverse / vitesse 1** avec le gobelet doseur.

4. Nettoyez les carottes et coupez-les en petits tronçons. Ajoutez-les dans le bol mixeur avec les abricots restants et poursuivez la cuisson **20 minutes à 100 °C / sens inverse / vitesse 1**.

VEAU *marengo*

PRÉPARATION : 20 MIN

CUISSON : 40 MIN

POUR 4 PERS.

INGRÉDIENTS

- 600 g de sauté de veau
- 500 g de tomates
- 600 g de champignons de Paris
- 4 échalotes
- 2 gousses d'ail
- 1 c. à soupe de double concentré de tomate
- 20 g de farine
- 15 cl de vin blanc
- 1 cube de bouillon de légumes
- 1 bouquet garni
- 4 brins de persil effeuillés
- 1 c. à café d'huile de tournesol
- Sel et poivre

PRÉPARATION

1. Pelez l'ail et les échalotes. Coupez l'ail en deux et les échalotes en quatre. Mettez-les dans le bol mixeur et mixez **5 secondes / vitesse 5** avec le gobelet doseur.

2. Ajoutez l'huile et le veau et faites cuire en **mode saisir 14 minutes à 120 °C** sans le gobelet doseur. Ajoutez la farine et mélangez **1 minute / sens inverse / vitesse 1**.

3. Épépinez les tomates et coupez-les en gros cubes. Ajoutez les tomates, le concentré, le vin, le bouquet garni et le cube de bouillon dans le bol mixeur. Salez, poivrez et faites cuire **30 minutes à 100 °C / sens inverse / vitesse 1**.

4. Nettoyez les champignons, coupez-les en deux ou en quatre selon leur taille et ajoutez-les dans le bol mixeur. Faites cuire **10 minutes à 100 °C / sens inverse / vitesse 1**.

5. Servez après avoir ajouté les feuilles de persil.

Conseil

Le veau marengo, comme beaucoup de ragoûts, sera tout aussi bon le lendemain.

COUSCOUS
d'hiver au veau

PRÉPARATION : 10 MIN

CUISSON : 75 MIN

POUR 4 PERS.

INGRÉDIENTS

- 600 g de sauté de veau
- 250 g de graines de couscous fin
- 300 g de chou blanc
- 2 carottes
- 1 panais
- 2 navets boule d'or
- 1 oignon
- 250 g de pois chiches cuits au naturel
- 1 c. à soupe de double concentré de tomate
- 40 cl de bouillon de volaille
- 2 c. à café de ras el-hanout
- Harissa
- Sel

PRÉPARATION

1. Pelez les légumes. Coupez les carottes en petits tronçons, le panais en tranches, le navet et l'oignon en quatre.
2. Mettez la viande, l'oignon et le bouillon dans le bol mixeur et faites cuire **30 minutes à 120 °C / sens inverse / vitesse 1** sans le gobelet doseur.
3. Ajoutez le chou, le panais, les navets, les carottes, le concentré de tomate puis le ras el-hanout, salez et poursuivez la cuisson **40 minutes à 100 °C / sens inverse / vitesse 1** avec le gobelet doseur.
4. Ajoutez les pois chiches et poursuivez la cuisson **5 minutes à 90 °C / sens inverse / vitesse 1**.
5. Préparez la semoule en suivant les indications portées sur l'emballage.
6. Servez le tout accompagné de harissa.

Info

Vous pouvez remplacer le veau par de l'agneau mais attention, cette viande sera plus grasse.

COLOMBO au filet mignon

PRÉPARATION : 15 MIN

CUISSON : 47 MIN

REPOS : 2 H

POUR 4 PERS.

INGRÉDIENTS

- 800 g de filet mignon
- 500 g de pommes de terre à chair ferme
- 400 g de courgettes
- 1 oignon
- 2 gousses d'ail
- 1 c. à soupe d'épices à colombo
- 1 c. à café d'huile d'arachide
- 2 feuilles de laurier
- 2 branches de thym
- 1 piment oiseau (facultatif)
- Sel et poivre

Pour la marinade

- Le jus de 2 citrons verts
- 1 oignon
- 2 gousses d'ail
- 1 c. à café d'épices à colombo

PRÉPARATION

1. Pour la marinade, pelez l'oignon et l'ail, coupez l'oignon en morceaux. Placez-les dans le bol mixeur et mixez **2 secondes en mode turbo** avec le gobelet doseur. Raclez les parois. Ajoutez le jus de citron, l'eau et les épices puis mixez **5 secondes / vitesse 6**.

2. Coupez la viande en cubes et placez-la dans un sac de congélation. Coupez le piment en deux et enlevez les graines. Ajoutez dans le sac le contenu du bol mixeur, le laurier, le thym et le piment puis laissez reposer 2 heures au réfrigérateur.

3. Pelez et coupez l'oignon et l'ail en morceaux. Placez-les dans le bol mixeur et mixez **10 secondes / vitesse 5**. Raclez les parois. Ajoutez l'huile et la viande égouttée. Faites cuire en **mode saisir / 7 minutes à 110 °C** sans le gobelet doseur.

4. Pelez et coupez les pommes de terre en morceaux. Ajoutez-les dans le bol mixeur avec les épices à colombo, la marinade et 0,5 litre d'eau. Faites cuire **30 minutes à 90 °C degrés / sens inverse / vitesse 1** avec le gobelet doseur.

5. Coupez les courgettes en cubes. Ajoutez-les dans le bol mixeur et poursuivez la cuisson pendant **10 minutes à 90 °C degrés / sens inverse / vitesse 1**.

Attention

Choisissez des pommes de terre à chair ferme, sinon elles risquent de se défaire à la cuisson.

FILET MIGNON
à la moutarde

PRÉPARATION :
10 MIN

CUISSON :
57 MIN

POUR
4
PERS.

INGRÉDIENTS

- 1 filet mignon de 400 g coupé en gros morceaux
- 2 carottes
- 5 échalotes
- 2 gousses d'ail
- 10 cl de crème liquide allégée
- 1 c. à café de Maïzena
- 5 cl de vin blanc
- 4 c. à soupe de moutarde à l'ancienne
- 3 branches de thym
- 3 feuilles de laurier
- 1 c. à soupe d'huile de tournesol
- Sel et poivre

PRÉPARATION

1. Épluchez l'ail, les échalotes et les carottes. Coupez les échalotes en quatre ou en huit selon leur taille et les carottes en rondelles. Émincez l'ail.
2. Mettez les carottes et les échalotes dans le bol mixeur et mixez **5 secondes / vitesse 5** avec le gobelet doseur.
3. Ajoutez l'ail, le thym, le laurier et l'huile et faites cuire en **mode saisir 7 minutes à 120 °C** sans le gobelet doseur.
4. Ajoutez la viande et le vin blanc. Salez, poivrez et faites cuire **45 minutes à 90 °C / sens inverse / vitesse 1**.
5. Ajoutez la Maïzena, la crème et la moutarde et poursuivez la cuisson **5 minutes à 90 °C / sens inverse / vitesse 1**.
6. Vous pouvez servir la viande accompagnée de riz blanc et parsemée de persil.

Conseil

Si vous souhaitez une sauce plus relevée, ajoutez 1 cuillerée à soupe de moutarde forte en plus de la moutarde à l'ancienne.

PORC aux marrons

PRÉPARATION : 10 MIN

CUISSON : 37 MIN

POUR 4 PERS.

INGRÉDIENTS

- 1 filet mignon de 600 g coupé en morceaux
- 400 g de châtaignes cuites au naturel
- 2 carottes
- 1 branche de céleri
- 2 échalotes
- 20 cl de bouillon de volaille
- 1 bouquet garni
- 1 c. à soupe d'huile de tournesol
- Sel et poivre

PRÉPARATION

1. Pelez les échalotes et les carottes. Coupez les échalotes en quatre, les carottes en rondelles et le céleri en petits tronçons.

2. Placez-les dans le bol mixeur et mixez **15 secondes / vitesse 5** avec le gobelet doseur. Raclez les parois avec la spatule.

3. Ajoutez l'huile et la viande et faites cuire en **mode saisir / 14 minutes à 130 °C** sans le gobelet doseur.

4. Ajoutez le bouillon et le bouquet garni. Salez, poivrez et faites cuire **20 minutes à 90 °C / sens inverse / vitesse 1**.

5. Ajoutez les châtaignes et poursuivez la cuisson **3 minutes à 90 °C / sens inverse / vitesse 1**.

Attention

Si vous utilisez d'autres morceaux de porc que le filet mignon, ils risquent d'être plus gras !

Porc AUX LÉGUMES d'hiver

PRÉPARATION : 10 MIN

CUISSON : 44 MIN

POUR 4 PERS.

INGRÉDIENTS

- 1 filet mignon de 600 g coupé en morceaux
- 200 g de carottes
- 300 g de poireau
- 150 g de panais
- 1 oignon
- 15 cl de bouillon de volaille
- 4 brins de persil
- 4 branches de thym
- 2 feuilles de laurier
- 1 c. à soupe d'huile de tournesol
- Sel et poivre

PRÉPARATION

1. Pelez l'oignon, le poireau, les carottes et le panais. Coupez l'oignon en huit, les carottes et le poireau en rondelles et le panais en moitiés ou quarts de rondelles.

2. Mettez l'oignon dans le bol mixeur et mixez **5 secondes /vitesse 5** avec le gobelet doseur.

3. Ajoutez l'huile et la viande et faites cuire en **mode saisir / 14 minutes à 120 °C** sans le gobelet doseur.

4. Ajoutez poireau, carotte, panais, persil, thym, laurier et bouillon. Salez, poivrez et faites cuire **30 minutes à 100 °C / sens inverse / vitesse 1**.

Astuce

Vous pouvez corser votre plat en diluant une cuillerée à soupe de moutarde à l'ancienne dans votre bouillon au moment de servir.

LAPIN
aux poivrons

PRÉPARATION : 10 MIN

CUISSON : 40 MIN

POUR 4 PERS.

INGRÉDIENTS

- 4 morceaux de râble de lapin
- 2 poivrons rouges
- 1 poivron vert
- 400 g de tomates concassées
- 1 gros oignon
- 2 gousses d'ail
- 4 branches de thym
- 3 feuilles de laurier
- 2 c. à café d'huile de tournesol
- Sel et poivre

PRÉPARATION

1. Salez et poivrez les râbles de lapin. Faites-les dorer de tous côtés à feu moyen dans une poêle antiadhésive avec 1 c. à café d'huile. Réservez-les.

2. Coupez les poivrons en cubes. Pelez l'ail et l'oignon. Coupez l'ail en deux et l'oignon en huit. Mettez l'ail et l'oignon dans le bol mixeur et mixez **8 secondes / vitesse 5** avec le gobelet doseur.

3. Mixez **10 secondes / vitesse 8**, raclez les parois et mixez de nouveau **5 secondes / vitesse 8**.

4. Ajoutez l'huile restante, les poivrons, le thym et le laurier. Faites cuire en **mode saisir 7 minutes à 120 °C** sans le gobelet doseur.

5. Ajoutez les tomates et le lapin et faites cuire **20 minutes à 90 °C / sens inverse / vitesse 1**.

Conseil

Vous pouvez également utiliser des cuisses de lapin. Dans ce cas, prévoyez de prolonger la cuisson d'une dizaine de minutes.

LAPIN
d'automne

PRÉPARATION : 45 MIN

CUISSON : 55 MIN

POUR 4 PERS.

INGRÉDIENTS

- 4 morceaux de râble de lapin
- 300 g de champignons de Paris
- 150 g de girolles
- 150 g de pleurotes
- 4 échalotes
- 2 gousses d'ail
- 2 pommes
- 30 cl de bouillon de volaille
- 20 g de beurre à 40 % de matière grasse
- 50 g de crème allégée
- 1 bouquet garni
- Sel et poivre

PRÉPARATION

1. Coupez les pommes en morceaux en enlevant le trognon et déposez-les dans le bol mixeur. Ajoutez 10 g de beurre et faites cuire en **mode saisir / 14 minutes à 130 °C** sans le gobelet doseur. Réservez-les et lavez le bol mixeur.
2. Salez et poivrez les râbles de lapin. Faites-les dorer de tous côtés à feu moyen dans une poêle antiadhésive avec le beurre restant. Déposez-les dans le panier vapeur profond.
3. Pelez l'ail et les échalotes. Coupez l'ail en deux et les échalotes en quatre. Mettez-les dans le bol mixeur et mixez **5 secondes / vitesse 5** avec le gobelet doseur.
4. Ajoutez le bouillon et le bouquet garni. Installez le panier vapeur, couvrez et faites cuire **30 minutes à 120 °C / sens inverse / vitesse 1**.
5. Nettoyez les champignons. Ajoutez-les dans le bol mixeur, replacez le panier vapeur et poursuivez la cuisson **10 minutes à 100 °C / sens inverse / vitesse 1**.
6. Retirez le panier vapeur et le bouquet garni. Ajoutez la crème et les pommes et mélangez **1 minute / sens inverse / vitesse 1**.

Conseil

Évitez les pommes farineuses, elles risquent de se défaire !

Poissons et fruits de mer

TRUITE VAPEUR, *fèves et quinoa*

PRÉPARATION : 15 MIN

CUISSON : 30 MIN

POUR 4 PERS.

INGRÉDIENTS

- 4 petites truites vidées et lavées
- 200 g de fèves écossées
- 240 g de quinoa
- 4 citrons bio
- 8 branches de thym
- 2 cives
- Huile d'olive
- Sel

PRÉPARATION

1. Versez le quinoa et 0,5 litre d'eau dans le bol mixeur et faites cuire **10 minutes à 90 °C / sens inverse** sans le gobelet doseur.

2. Pendant ce temps, coupez trois citrons en rondelles. Farcissez les truites avec la moitié des rondelles de citron et le thym, posez les rondelles restantes dessus. Déposez les truites dans le panier vapeur plat.

3. Égouttez le quinoa dans le panier de cuisson et réservez-le.

4. Versez 0,5 litre d'eau dans le bol mixeur, installez les paniers vapeur et couvrez. Faites cuire en **mode cuisson vapeur / 15 minutes**.

5. Ajoutez les fèves dans le panier vapeur profond. Replacez le panier plat avec les truites et poursuivez la cuisson en **mode cuisson vapeur / 5 minutes**.

6. Émincez les cives. Pressez le jus du citron restant. Salez le quinoa et répartissez-le dans les assiettes. Ajoutez les fèves et les cives. Arrosez de jus de citron et d'un filet d'huile d'olive. Disposez les truites et servez sans attendre.

Variante

D'autres légumes, tels que les petits pois et les haricots, peuvent remplacer les fèves.

CHOWDER de haddock

PRÉPARATION : 15 MIN

CUISSON : 37 MIN

POUR 4 PERS.

INGRÉDIENTS

- 200 g de haddock
- 240 g de maïs cuit au naturel
- 300 g de pommes de terre à chair ferme
- 1 tige de céleri
- 1 oignon
- 0,5 l de lait demi-écrémé
- 10 g de beurre
- 3 branches de thym
- 3 feuilles de laurier
- Poivre

Variante

Vous pouvez ajouter 150 g de cocktail de fruits de mer à la dernière étape de cuisson.

PRÉPARATION

1. Pelez et coupez l'oignon en quatre. Réservez les feuilles du céleri et coupez la tige en tronçons. Placez-les dans le bol mixeur et mixez **5 secondes / vitesse 6** avec le gobelet doseur.

2. Raclez les parois à l'aide de la spatule, ajoutez le beurre et faites cuire en **mode saisir / 7 minutes à 110 °C** sans le gobelet doseur.

3. Pelez et coupez les pommes de terre en cubes, ajoutez-les dans le bol mixeur. Versez-y le lait et faites cuire **15 minutes à 110 °C / sens inverse / vitesse 1** avec le gobelet doseur.

4. Enlevez la peau du haddock et coupez-le en gros morceaux. Ajoutez-le dans le bol mixeur avec le maïs égoutté, le laurier et le thym. Poivrez à votre goût.

5. Faites cuire de nouveau **15 minutes à 110 °C / sens inverse / vitesse 1**.

6. Servez après avoir ajouté les feuilles de céleri réservées.

Parmentier DE TURBOT *aux carottes*

PRÉPARATION : 15 MIN

CUISSON : 30 MIN

POUR 4 PERS.

INGRÉDIENTS

- 800 g de turbot vidé et coupé en morceaux
- 1 dose de sauce au poireau (voir p. 10)
- 750 g de carottes
- 250 g de pommes de terre à purée
- ½ c. à café de gingembre râpé
- 3 brins de coriandre effeuillés
- Sel et poivre

Astuce

Vous pouvez utiliser l'eau de la cuisson vapeur pour préparer la sauce au poireau.

PRÉPARATION

1. Pelez et coupez les carottes en rondelles et les pommes de terre en cubes et placez-les dans le panier vapeur profond.
2. Déposez le poisson dans le panier vapeur plat, parsemez-le de gingembre râpé, salez, poivrez.
3. Versez 0,5 litre d'eau dans le bol mixeur, installez les paniers vapeur, couvrez et faites cuire en **mode vapeur / 10 minutes**. Vérifiez la cuisson et retirez le panier plat. Poursuivez la cuisson en **mode vapeur / 10 minutes**.
4. Préchauffez le four à 210 °C (th. 7). Videz l'eau du bol mixeur et mettez-y les carottes, les pommes de terre et la coriandre puis mixez **20 secondes / vitesse 6** avec le gobelet doseur. Raclez les parois, assaisonnez et mixez de nouveau **15 secondes / vitesse 6**.
5. Émiettez le poisson dans un plat à gratin. Ajoutez 4 cuillerées à soupe de sauce au poireau puis étalez la purée de carotte dessus et enfournez pour 10 minutes.
6. Servez accompagné de la sauce au poireau restante.

Cabillaud vapeur, COURGETTES et sauce citronnée

PRÉPARATION : 12 MIN

CUISSON : 12 MIN

POUR 4 PERS.

INGRÉDIENTS

- 800 g de filets de cabillaud
- 1 courgette jaune
- 1 courgette verte
- 2 citrons jaunes
- 1 dose de sauce au citron (voir p. 8)
- 240 g de riz cuit (voir p. 19)
- Sel et poivre

PRÉPARATION

1. Coupez les courgettes en quarts de rondelles et placez-les dans le panier vapeur profond. Coupez les citrons en tranches fines.

2. Déposez le cabillaud dans le panier vapeur plat et posez les tranches de citron dessus. Versez 0,5 litre d'eau dans le bol mixeur, installez les paniers vapeur et couvrez. Faites cuire en **mode cuisson vapeur / 12 minutes**.

3. Mélangez les courgettes au riz, assaisonnez et servez accompagné de la sauce au citron.

Variante

Vous pouvez remplacer le cabillaud par du lieu jaune.

CURRY DE LOTTE
aux deux choux

PRÉPARATION : 15 MIN

CUISSON : 27 MIN

POUR 4 PERS.

INGRÉDIENTS

- 600 g de lotte
- 300 g de chou-fleur
- 300 g de chou romanesco
- 300 g de tomates
- 1 oignon
- 20 cl de lait de coco allégé
- 1 c. à café de curry en poudre
- 1 c. à café d'huile d'arachide
- Sel et poivre

Astuce

Vous pouvez réaliser cette recette avec seulement du chou-fleur ou du chou romanesco, pensez dans ce cas à en doubler la quantité.

PRÉPARATION

1. Coupez le chou-fleur et le chou romanesco en petits bouquets et posez-les dans le panier vapeur plat. Coupez la lotte en tronçons et posez-les dans le panier vapeur profond.

2. Versez 0,5 litre d'eau dans le bol mixeur, installez les paniers vapeur, couvrez et faites cuire en **mode cuisson vapeur / 15 minutes**. Réservez le poisson et les choux. Videz l'eau du bol mixeur.

3. Pelez l'oignon et coupez-le en huit. Coupez les tomates en gros cubes. Mettez l'oignon dans le bol mixeur et mixez **5 secondes / vitesse 5** avec le gobelet doseur. Raclez les parois avec la spatule, ajoutez les tomates et l'huile puis faites cuire en **mode saisir / 7 minutes à 120 °C** sans le gobelet doseur.

4. Ajoutez le lait de coco et le curry, salez, poivrez et faites cuire **5 minutes à 90 °C / vitesse 1**.

5. Répartissez le chou-fleur et le chou romanesco dans les assiettes, ajoutez la lotte et nappez de sauce au curry.

LOTTE
et purée de céleri

PRÉPARATION : 10 MIN

CUISSON : 33 MIN

POUR 4 PERS.

INGRÉDIENTS

- 600 g de lotte coupée en tranches
- 400 g de pommes de terre à purée
- 400 g de céleri-rave
- 1 dose de sauce au citron (voir p. 8)
- 10 cl de crème liquide allégée
- Quelques feuilles de cerfeuil
- Sel et poivre

PRÉPARATION

1. Pelez et coupez les pommes de terre et le céleri en gros morceaux puis placez-les dans le panier cuisson. Versez 1,5 l d'eau dans le bol mixeur, installez le panier cuisson et faites cuire **25 minutes à 110 °C / vitesse 1** avec le gobelet doseur.

2. Sortez le panier cuisson, égouttez-le bien et videz l'eau. Mettez les pommes de terre et le céleri dans le bol mixeur. Salez, poivrez, ajoutez la crème et mixez **40 secondes** en augmentant progressivement la **vitesse de 4 à 8**. Réservez la purée.

3. Lavez le bol mixeur puis versez-y 0,5 litre d'eau. Posez la lotte dans le panier vapeur profond. Installez-le, couvrez et faites cuire en **mode cuisson vapeur / 8 minutes**.

4. Servez la purée dans les assiettes, répartissez les tranches de lotte et nappez de sauce au citron. Ajoutez enfin les feuilles de cerfeuil.

Variante

Vous pouvez remplacer la lotte par d'autres poissons moins coûteux tels que le lieu jaune.

Merlan et HARICOTS VERTS *sauce vierge*

PRÉPARATION : 5 MIN

CUISSON : 10 MIN

POUR 4 PERS.

INGRÉDIENTS

- 800 g de filets de merlan
- 800 g de haricots verts équeutés
- 1 dose de sauce vierge (voir p. 20)
- Sel et poivre

PRÉPARATION

1. Salez et poivrez les filets de merlan puis déposez-les dans le panier vapeur plat. Déposez les haricots dans le panier vapeur profond.
2. Versez 0,5 litre d'eau dans le bol mixeur. Installez les paniers vapeur, couvrez et faites cuire en **mode vapeur / 10 minutes**.
3. Mélangez les haricots verts à la moitié de la sauce vierge dans un saladier et répartissez-les dans les assiettes.
4. Disposez les filets de merlan dessus et nappez-les de sauce.

Variante

Vous pouvez remplacer le merlan par du cabillaud ou du lieu jaune.

RATATOUILLE au cabillaud

PRÉPARATION : 10 MIN

CUISSON : 49 MIN

POUR 4 PERS.

INGRÉDIENTS

- 500 g de filets de cabillaud
- 2 courgettes
- 1 petite aubergine
- 1 poivron rouge
- 300 g de tomates
- 1 oignon
- 1 gousse d'ail
- 1 c. à café d'huile d'olive
- ½ c. à café de paprika
- 1 c. à café d'herbes de Provence

Variante

Vous pouvez remplacer le cabillaud par du merlan ou du lieu jaune.

PRÉPARATION

1. Coupez le cabillaud en cubes puis déposez-les dans le panier vapeur profond.

2. Coupez les tomates, le poivron et l'aubergine en petits morceaux et les courgettes en quarts de rondelles. Pelez l'ail et l'oignon puis coupez l'oignon en quatre.

3. Placez l'ail et l'oignon dans le bol mixeur et mixez **5 secondes / vitesse 5** avec le gobelet doseur.

4. Ajoutez le poivron et l'huile. Installez le panier vapeur et faites cuire en **mode saisir / 14 minutes à120 °C / vitesse 1**.

5. Ajoutez les courgettes, l'aubergine, les tomates avec le paprika et les herbes de Provence dans le bol. Salez, poivrez et remettez le panier vapeur en place. Poursuivez la cuisson **35 minutes à 100 °C / sens inverse / vitesse 1**.

6. Déposez les morceaux de cabillaud dans les assiettes puis ajoutez la ratatouille.

CURRY DE GAMBAS et patates douces

PRÉPARATION : 15 MIN

CUISSON : 25 MIN

POUR 4 PERS.

INGRÉDIENTS

- 12 gambas crues décortiquées surgelées
- 300 g de patates douces
- 150 g de pulpe de tomate
- 20 cl de lait de coco
- 4 cives
- 2 brins de basilic thaï
- 1 c. à café de gingembre frais finement râpé
- 1 c. à soupe de curry en poudre
- 1 c. à café de curcuma en poudre
- 1 c. à café d'huile de tournesol
- Sel et poivre

Astuce

Vous pouvez utiliser des gambas déjà cuites.

PRÉPARATION

1. Pelez et coupez les patates douces en gros cubes puis placez-les dans le panier vapeur. Versez 1 litre d'eau dans le bol mixeur, installez le panier vapeur, posez le couvercle et faites cuire en **mode cuisson vapeur / 10 minutes**. Réservez les patates douces dans un plat. Videz le bol mixeur et rincez-le.

2. Coupez les cives en tronçons et placez-en la moitié dans le bol mixeur. Ajoutez la moitié du basilic thaï et le gingembre puis mixez **6 secondes / vitesse 5** avec le gobelet doseur.

3. Ajoutez les gambas et l'huile puis faites cuire en **mode saisir / 7 minutes à 110 °C** sans le gobelet doseur.

4. Ajoutez la pulpe de tomate, le lait de coco, le curry et le curcuma puis assaisonnez. Faites cuire **8 minutes à 90 °C / sens inverse / vitesse 1** sans le gobelet doseur.

5. Versez la sauce sur les patates douces puis ajoutez les cives et le basilic restants.

Crème DE CHOU-FLEUR et noix de Saint-Jacques

PRÉPARATION : 5 MIN

CUISSON : 35 MIN

POUR 4 PERS.

INGRÉDIENTS

- 12 noix de Saint-Jacques
- 1 petit chou-fleur (500 g)
- 2 échalotes
- 35 cl de bouillon de légumes
- 10 cl de crème liquide allégée
- 1 c. à café de curry en poudre
- Huile de tournesol
- Sel et poivre

PRÉPARATION

1. Pelez les échalotes et coupez-les en quatre. Coupez le chou-fleur en petits bouquets et placez le tout dans le bol mixeur. Versez-y le bouillon de légumes, le curry, du sel et du poivre et faites cuire **30 minutes à 90 °C / vitesse 1** avec le gobelet doseur.
2. Ajoutez la crème et mixez **15 secondes** en augmentant progressivement la **vitesse de 4 à 8**.
3. Faites dorer rapidement les noix de Saint-Jacques dans une poêle antiadhésive légèrement huilée.
4. Servez la crème de chou-fleur dans des bols et répartissez les noix de Saint-Jacques dessus.

Astuce

Si vous utilisez des noix de Saint-Jacques surgelées, faites-les décongeler dans un mélange d'eau et de lait tiède.

PÂTES ALLA *marinara*

PRÉPARATION : 10 MIN

CUISSON : 25 MIN

POUR 4 PERS.

INGRÉDIENTS

- 250 g de pâtes de type casarecce
- 300 g de cocktail de fruits de mer surgelé
- 100 g de crevettes crues surgelées
- 2 gousses d'ail
- 1 dose de sauce tomate pimentée (voir p. 13)
- 1 c. à soupe d'huile d'olive

PRÉPARATION

1. Faites cuire les pâtes dans une casserole en suivant les indications portées sur l'emballage puis réservez-les.

2. Faites décongeler les fruits de mer et les crevettes puis pressez-les pour en retirer l'eau.

3. Pelez une gousse d'ail, coupez-la en deux et mettez-la dans le bol mixeur. Mixez **1 seconde en mode turbo** avec le gobelet doseur et raclez les parois avec la spatule.

4. Ajoutez l'huile, les fruits de mer et les crevettes. Faites cuire en **mode saisir / 7 minutes à 120 °C** sans le gobelet doseur.

5. Ajoutez la sauce tomate pimentée et faites cuire **5 minutes à 90 °C / vitesse 1**.

6. Ajoutez les pâtes et mélangez **3 minutes / sens inverse / vitesse 1**.

Marmite D'AIGLEFIN aux coquillages

PRÉPARATION : 10 MIN

CUISSON : 32 MIN

POUR 4 PERS.

INGRÉDIENTS

- 600 g d'aiglefin vidé et coupé en tronçons de 3 à 4 cm
- 300 g de coques
- 300 g de palourdes
- 4 tranches de bacon
- 800 g de pommes de terre à chair ferme
- 140 g de maïs cuit au naturel
- 1 gros oignon
- 10 cl de crème liquide allégée
- 1 c. à café de Maïzena
- 1 c. à café de court-bouillon déshydraté
- 2 feuilles de laurier
- Poivre

PRÉPARATION

1. Pelez et coupez l'oignon en huit. Coupez les tranches de bacon en quatre.
2. Mettez l'oignon et le bacon dans le bol mixeur et mixez **5 secondes / vitesse 5** avec le gobelet doseur. Faites cuire en **mode saisir / 7 minutes à 120 °C**.
3. Ajoutez 0,5 litre d'eau, le court-bouillon et les feuilles de laurier puis poivrez.
4. Déposez le poisson dans le panier vapeur profond et les coquillages dans le panier vapeur plat. Installez les paniers, couvrez et faites cuire **10 minutes à 110 °C / sens inverse / vitesse 1**.
5. Pelez les pommes de terre et coupez-les en dés. Ajoutez-les dans le bol mixeur avec la Maïzena et la crème. Replacez les paniers vapeur et poursuivez la cuisson **15 minutes à 110 °C / sens inverse / vitesse 1**.
6. Réservez le poisson et les coquillages. Ajoutez le maïs dans le bol mixeur et poursuivez la cuisson **5 minutes à 110 °C / sens inverse / vitesse 1**.
7. Servez le poisson et les coquillages dans les assiettes puis nappez-les de sauce.

Variante

Vous pouvez remplacer l'aiglefin par du merlan.

Pâtes au pesto DE PETITS POIS et crevettes

PRÉPARATION : 10 MIN

CUISSON : 18 MIN

POUR 4 PERS.

INGRÉDIENTS

- 300 g de pâtes de type farfalle
- 200 g de petits pois frais écossés
- 400 g de gambas crues surgelées
- 14 cl de bouillon de légumes
- 30 g de pesto
- Quelques feuilles de basilic

PRÉPARATION

1. Décongelez les gambas. Faites cuire les pâtes dans une casserole en suivant les indications portées sur l'emballage puis réservez-les.
2. Placez les gambas dans le panier vapeur profond. Versez 0,5 litre d'eau dans le bol mixeur. Installez le panier vapeur, couvrez et faites cuire **5 minutes en mode vapeur**.
3. Réservez les crevettes avec les pâtes. Videz l'eau du bol mixeur.
4. Mettez les petits pois et le bouillon dans le bol mixeur. Faites cuire **6 minutes à 90 °C / vitesse 1** avec le gobelet doseur.
5. Ajoutez le pesto et mixez **20 secondes / vitesse 6**. Mélangez le pesto aux pâtes et aux crevettes.
6. Servez sans attendre en parsemant le plat de feuilles de basilic.

Conseil

Vous pouvez préparer le pesto de petits pois à l'avance.

CALAMARS à la provençale

PRÉPARATION : 15 MIN

CUISSON : 47 MIN

POUR 4 PERS.

INGRÉDIENTS

- 400 g de calamars
- 2 poivrons rouges
- 2 courgettes
- 400 g de tomates
- 1 oignon
- 3 gousses d'ail
- 4 branches de thym
- 2 feuilles de laurier
- 1 pincée de piment d'Espelette
- Sel et poivre

Conseil

Si vous n'aimez pas le piquant, remplacez le piment par du paprika.

PRÉPARATION

1. Coupez les calamars en lanières et séchez-les avec du papier absorbant.
2. Pelez l'ail et l'oignon. Coupez l'ail en deux et l'oignon en huit. Mettez-les dans le bol mixeur et mixez **5 secondes / vitesse 5** avec le gobelet doseur.
3. Ajoutez les calamars et faites cuire en **mode saisir 7 minutes à 120 °C** sans le gobelet doseur.
4. Coupez les courgettes en demi-rondelles et les poivrons en cubes. Égrenez les tomates et coupez-les en dés.
5. Ajoutez les poivrons, le thym, le laurier et le piment dans le bol mixeur. Salez, poivrez et faites cuire **15 minutes à 90 °C / sens inverse / vitesse 1**.
6. Ajoutez les courgettes et les tomates et poursuivez la cuisson **25 minutes à 90 °C / sens inverse / vitesse 1**.

Risotto AU SAFRAN et noix de pétoncles

PRÉPARATION : 10 MIN

CUISSON : 42 MIN

POUR 4 PERS.

INGRÉDIENTS

- 250 g de riz à risotto
- Une quarantaine de noix de pétoncles
- 5 échalotes
- 60 cl de bouillon de légumes
- 5 cl de vin blanc
- 2 c. à soupe d'huile d'olive
- Une belle pincée de filaments de safran
- Quelques feuilles de cerfeuil
- Sel et poivre

PRÉPARATION

1. Pelez et coupez les échalotes en quatre. Mettez-les dans le bol mixeur et mixez **10 secondes / vitesse 5** avec le gobelet doseur.

2. Ajoutez une cuillerée à soupe d'huile et faites cuire en **mode saisir 14 minutes à 120 °C** sans le gobelet doseur.

3. Ajoutez le riz et faites cuire **2 minutes à 100 °C / sens inverse / vitesse 1**.

4. Ajoutez le vin blanc et faites cuire **2 minutes à 100 °C / sens inverse / vitesse 1** en mettant le panier vapeur à la place du couvercle.

5. Versez-y le bouillon chaud, les filaments de safran, salez et poivrez. Faites cuire **20 minutes à 90 °C / sens inverse**, toujours avec le panier vapeur en guise de couvercle.

6. Séparez les corails des noix de pétoncles. Dans une poêle antiadhésive, faites chauffer l'huile restante à feu vif. Faites cuire les noix de pétoncles 1 minute de chaque côté. Coupez le feu et posez les corails dans la poêle 1 minute en les remuant.

7. Servez le riz dans les assiettes, déposez les noix de pétoncles dessus et parsemez-les de feuilles de cerfeuil.

Variante

Vous pouvez également utiliser des coquilles Saint-Jacques.

Plats végétariens

GALETTES *de courgettes*

PRÉPARATION : 10 MIN

CUISSON : 20 MIN

REPOS : 10 MIN

POUR 4 PERS.

INGRÉDIENTS

- 500 g de courgettes
- 200 g d'oignons
- 2 gousses d'ail
- 100 g de Maïzena
- 100 g de poudre d'amandes
- 3 œufs
- 80 g de ricotta
- 4 brins de basilic
- ½ c. à café de curry en poudre
- ¼ de c. à café de poivre
- ½ c. à café de gros sel
- Huile de tournesol

PRÉPARATION

1. Pelez l'ail et l'oignon. Coupez l'oignon en huit et placez-le dans le bol mixeur avec l'ail.
2. Coupez les courgettes en gros cubes et ajoutez-les dans le bol. Mixez **10 secondes / vitesse 5** avec le gobelet doseur.
3. Transvasez le tout dans le panier cuisson et laissez égoutter 10 minutes.
4. Préchauffez le four à 200 °C (th. 6-7).
5. Hachez grossièrement le basilic. Pressez les courgettes pour évacuer le surplus d'eau et replacez-les dans le bol mixeur. Ajoutez la Maïzena, la poudre d'amandes, les œufs, la ricotta, le basilic, le curry et le poivre. Mélangez **1 minute / sens inverse / vitesse 1**.
6. Huilez 8 petits moules à galettes à l'aide d'un pinceau. Remplissez-les et enfournez pour 20 minutes.

Conseil

Vous pouvez servir ces galettes avec quelques pousses de salade.

Risotto AU POTIMARRON et au brocoli

PRÉPARATION : 15 MIN

CUISSON : 44 MIN

POUR 4 PERS.

INGRÉDIENTS

- 250 g de riz à risotto
- 200 g de brocoli
- 200 g de potimarron
- 70 cl de bouillon de légumes
- 5 cl de vin blanc
- 45 g de ricotta
- 1 petit oignon
- 1 gousse d'ail
- 2 c. à café d'huile d'olive
- Sel et poivre

PRÉPARATION

1. Coupez le potimarron en cubes de 2 cm et le brocoli en petits bouquets puis posez-les dans le panier vapeur profond. Versez 0,5 litre d'eau dans le bol mixeur. Installez le panier vapeur, couvrez et faites cuire en **mode cuisson vapeur / 15 minutes**. Réservez et videz l'eau du bol mixeur.

2. Pelez l'ail et l'oignon. Coupez l'ail en deux et l'oignon en quatre puis mettez-les dans le bol mixeur. Mixez **5 secondes / vitesse 6**. Raclez les parois avec la spatule. Ajoutez l'huile et faites cuire en **mode saisir / 7 minutes à 120 °C** sans le gobelet doseur. Ajoutez le riz et faites cuire **2 minutes à 100 °C / sens inverse / vitesse 1**.

3. Versez le vin blanc dans le bol mixeur, installez le panier vapeur profond à la place du couvercle et poursuivez la cuisson **2 minutes à 100 °C / sens inverse / vitesse 1**.

4. Versez le bouillon chaud dans le bol mixeur. Poursuivez la cuisson **18 minutes à 90 °C / sens inverse / vitesse 1**.

5. À la fin de la cuisson, retirez le panier vapeur, ajoutez la ricotta dans le bol mixeur, salez, poivrez et mélangez **1 minute / sens inverse / vitesse 1**.

6. Ajoutez le potimarron et le brocoli et mélangez de nouveau **30 secondes / sens inverse / vitesse 1**.

Attention

Vérifiez la cuisson du brocoli et du potimarron et poursuivez-la si nécessaire.

CURRY
aux légumes

PRÉPARATION :
10 MIN

CUISSON :
22 MIN

POUR
4
PERS.

INGRÉDIENTS

- 200 g de potimarron
- 200 g de pois chiches cuits au naturel (poids égoutté)
- 50 g de pousses d'épinards
- 1 oignon
- 1 gousse d'ail
- 20 cl de lait de coco allégé
- 10 cl de bouillon de légumes
- 1 c. à café de pâte de curry orange
- 1 c. à café de gingembre râpé
- 1 c. à café d'huile d'arachide
- Sel

PRÉPARATION

1. Pelez l'ail et l'oignon et coupez l'oignon en quatre. Mettez-les dans le bol mixeur et mixez **5 secondes / vitesse 5** avec le gobelet doseur. Ajoutez l'huile et faites cuire en **mode saisir / 7 minutes à 110 °C** sans le gobelet doseur.
2. Coupez la chair de potimarron en cubes. Ajoutez-les dans le bol mixeur avec le bouillon, la pâte de curry et le gingembre. Faites cuire **10 minutes à 90 °C / sens inverse / vitesse 1**.
3. Ajoutez les pois chiches et le lait de coco, salez et poursuivez la cuisson **5 minutes à 90 °C / sens inverse / vitesse 1**.
4. Ajoutez la moitié des pousses d'épinards et mélangez **10 secondes / vitesse 1**.
5. Servez après avoir ajouté les épinards restants.

Conseil

Servez le curry accompagné de boulgour ou de quinoa.

MINESTRONE de printemps

PRÉPARATION : 10 MIN

CUISSON : 33 MIN

POUR 4 PERS.

INGRÉDIENTS

- 90 g de petites pâtes
- 60 g de haricots verts
- 60 g de petits pois écossés
- 60 g de haricots blancs cuits au naturel (poids égoutté)
- 2 petites carottes
- 1 petite courgette verte
- 1 petite courgette jaune
- ½ bulbe de fenouil
- 1 oignon
- 1 l de bouillon de légumes
- Quelques feuilles de basilic
- Sel et poivre

PRÉPARATION

1. Pelez l'oignon et les carottes et coupez-les en morceaux, ainsi que le fenouil. Mettez-les dans le bol mixeur et mixez **5 secondes / vitesse 6** avec le gobelet doseur.
2. Ajoutez le bouillon, salez, poivrez et faites cuire **10 minutes à 100 °C / vitesse 1**.
3. Coupez les courgettes en quarts de tranches. Ajoutez-les dans le bol mixeur avec les petits pois et les haricots verts. Faites cuire **10 minutes à 90 °C / sens inverse / vitesse 1**.
4. Ajoutez les pâtes et faites cuire **10 minutes à 90 °C / sens inverse / vitesse 1**.
5. Ajoutez les haricots blancs et poursuivez la cuisson **3 minutes à 90 °C / sens inverse / vitesse 1**.
6. Répartissez le minestrone dans 4 assiettes et parsemez-le de feuilles de basilic.

Astuce

Vous pouvez ajouter une cuillerée à café de pesto en même temps que les haricots blancs.

PÂTES ET CHOU romanesco

PRÉPARATION : 10 MIN

CUISSON : 20 MIN

POUR 4 PERS.

INGRÉDIENTS

- 320 g de pâtes de type farfalle
- 500 g de chou romanesco
- 1 dose de sauce au citron (voir p. 8)
- 1 gousse d'ail
- 4 brins de persil effeuillés

PRÉPARATION

1. Faites cuire les pâtes dans une casserole en suivant les indications portées sur l'emballage puis réservez-les dans un saladier.

2. Coupez le chou romanesco en petits bouquets et déposez-les dans le panier vapeur profond. Versez 0,5 litre d'eau dans le bol mixeur, installez le panier vapeur, couvrez et faites cuire en **mode vapeur / 10 minutes**. Réservez-les dans le saladier avec les pâtes.

3. Videz l'eau du bol mixeur.

4. Pelez et pressez l'ail au presse-ail. Hachez le persil et ajoutez le tout dans la sauce au citron.

5. Versez la sauce sur les pâtes et le chou romanesco puis mélangez délicatement.

Variante

Vous pouvez remplacer la sauce au citron par de la sauce au poireau.

GRATIN DE PÂTES
à la ratatouille

PRÉPARATION : 20 MIN

CUISSON : 54 MIN

POUR 4 PERS.

INGRÉDIENTS

240 g de pâtes de type farfalle
2 courgettes
2 poivrons rouges
1 petite aubergine
300 g de tomates
1 oignon
2 gousses d'ail
2 c. à soupe de double concentré de tomate
3 brins de basilic effeuillés
½ c. à café de paprika
¼ c. à café de piment en poudre
1 c. à café d'huile d'olive
Pour la chapelure
50 g de biscottes
1 gousse d'ail
4 feuilles de basilic
Sel

PRÉPARATION

1. Cassez grossièrement les biscottes dans le bol mixeur. Pelez la gousse d'ail et coupez-la en deux. Ajoutez-la dans le bol mixeur avec les feuilles de basilic. Salez, poivrez et mixez 3 fois **2 secondes en mode turbo**. Réservez la chapelure et essuyez le bol mixeur.

2. Faites cuire les pâtes dans une casserole en suivant les indications puis réservez-les.

3. Coupez les tomates, les poivrons, l'aubergine et les courgettes en cubes.

4. Pelez l'ail et l'oignon et coupez l'oignon en huit. Placez-les dans le bol mixeur et mixez **5 secondes / vitesse 5** avec le gobelet doseur. Ajoutez l'huile et le poivron et faites cuire en **mode saisir / 14 minutes à 120 °C** sans le gobelet doseur.

5. Ajoutez les légumes, le concentré de tomate, les feuilles de basilic, le paprika et le piment. Salez et faites cuire **30 minutes à 100 °C / sens inverse / vitesse 1**.

6. Préchauffez le four à **200 °C (th. 6-7)**. Mélangez les pâtes et la ratatouille et déposez-les dans un plat à gratin. Saupoudrez-les de chapelure et enfournez-le 10 minutes pour le faire dorer.

Variante
Pour les enfants, évitez le piment.

GRATIN
aux deux choux

PRÉPARATION : 10 MIN

CUISSON : 35 MIN

POUR 4 PERS.

INGRÉDIENTS

- 400 g de chou-fleur
- 400 g de chou romanesco
- 50 g de noisettes (facultatif)
- 1 dose de béchamel ail et fines herbes (voir p. 14)

PRÉPARATION

1. Préchauffez le four à 180 °C (th. 6).
2. Coupez le chou-fleur et le chou romanesco en petits bouquets puis posez-les dans le panier profond.
3. Versez 0,5 litre d'eau dans le bol mixeur, installez le panier vapeur, couvrez et faites cuire en **mode cuisson vapeur / 15 minutes**.
4. Déposez les choux dans un plat à gratin. Versez la béchamel dessus et enfournez pour 20 minutes.
5. Hachez grossièrement les noisettes et parsemez-en le gratin au moment de servir.

Variante

Parsemez le gratin de fines herbes en même temps que les noisettes.

PÂTES aux lentilles

PRÉPARATION : 15 MIN

CUISSON : 22 MIN

POUR 4 PERS.

INGRÉDIENTS

- 350 g de pâtes de type penne
- 400 g de lentilles cuites au naturel (poids égoutté)
- 1 oignon
- 1 branche de céleri
- 2 gousses d'ail
- 2 carottes
- 20 cl de bouillon de légumes
- 1 c. à café d'huile d'olive
- 4 brins de thym frais
- Sel et poivre

Conseil

Vous pouvez ajouter des feuilles de céleri finement émincées au moment de servir.

PRÉPARATION

1. Faites cuire les pâtes dans une casserole en suivant les indications portées sur l'emballage puis réservez-les.

2. Pendant ce temps, pelez et coupez les carottes en rondelles. Pelez et coupez l'oignon en huit. Pelez l'ail. Coupez le céleri en petits tronçons.

3. Mettez les carottes, le céleri, l'oignon et l'ail dans le bol mixeur et mixez **10 secondes / vitesse 5** avec le gobelet doseur. Raclez les parois avec la spatule.

4. Ajoutez l'huile et faites cuire en **mode saisir / 7 minutes à 120 °C** sans le gobelet doseur.

5. Ajoutez le bouillon et le thym, salez, poivrez et faites cuire **10 minutes à 90 °C / vitesse 1** avec le gobelet doseur.

6. Ajoutez les lentilles et poursuivez la cuisson **5 minutes à 90 °C / sens inverse / vitesse 1**, puis les pâtes et mélangez **1 minute / sens inverse / vitesse 1**.

RISOTTO
aux asperges

PRÉPARATION : 15 MIN

CUISSON : 34 MIN

POUR 4 PERS.

INGRÉDIENTS

- 250 g de riz à risotto
- 400 g d'asperges vertes
- 70 cl de bouillon de légumes
- 5 cl de vin blanc
- 45 g de ricotta
- 2 échalotes
- 1 gousse d'ail
- 2 c. à café d'huile d'olive
- 4 brins de cerfeuil effeuillés
- Sel et poivre

PRÉPARATION

1. Coupez les pointes des asperges puis les tiges en biseaux de 1 cm. Déposez-les dans le panier vapeur profond. Versez 0,5 litre d'eau dans le bol mixeur. Installez le panier vapeur, couvrez et faites cuire en **mode cuisson vapeur / 5 minutes**.

2. Pelez l'ail et les échalotes. Coupez l'ail en deux et les échalotes en quatre puis mettez-les dans le bol mixeur. Mixez **5 secondes / vitesse 6**. Raclez les parois. Ajoutez l'huile et faites cuire en **mode saisir / 7 minutes à 120 °C** sans le gobelet doseur.

3. Ajoutez le riz et faites cuire **2 minutes à 100 °C / sens inverse / vitesse 1**.

4. Ajoutez le vin blanc et poursuivez la cuisson **2 minutes à 100 °C / sens inverse / vitesse 1** en remplaçant le couvercle par le panier vapeur.

5. Faites chauffer le bouillon au micro-ondes et versez-le dans le bol mixeur. Poursuivez la cuisson **18 minutes à 90 °C / sens inverse / vitesse 1** toujours avec le panier vapeur en guise de couvercle.

6. Ajoutez la ricotta et les tiges d'asperges, salez, poivrez et mélangez **1 minute / sens inverse / vitesse 1**. Servez en décorant les assiettes avec les pointes d'asperges et les feuilles de cerfeuil.

Astuce

Vous pouvez utiliser des asperges cuites au naturel, dans ce cas ne les faites pas recuire !

MINESTRONE d'automne

PRÉPARATION : 10 MIN

CUISSON : 50 MIN

POUR 4 À 6 PERS.

INGRÉDIENTS

- 1 panais
- 1 carotte
- 100 g de chou blanc
- 120 g de cocos de Paimpol écossés
- 1 petit navet
- 1 blanc de poireau
- 90 g de coquillettes
- 1 l de bouillon de légumes
- 1 bouquet garni
- Sel et poivre

PRÉPARATION

1. Épluchez tous les légumes. Coupez les carottes, le panais et le blanc de poireau en rondelles, l'oignon en huit, le navet en quatre et le chou en tranches.
2. Placez tous ces légumes dans le bol mixeur et mixez **10 secondes / vitesse 5** avec le gobelet doseur.
3. Ajoutez les cocos de Paimpol, le bouquet garni et le bouillon, salez, poivrez et faites cuire **40 minutes à 100 °C / sens inverse / vitesse 1**.
4. Ajoutez les pâtes et poursuivez la cuisson **10 minutes à 90 °C / sens inverse / vitesse 1**. Salez et poivrez.

Conseil

Pensez à vérifier le temps de cuisson des coquillettes et à l'ajuster le cas échéant.

Dahl de LENTILLES CORAIL *aux bettes*

PRÉPARATION : 5 MIN

CUISSON : 39 MIN

POUR 4 PERS.

INGRÉDIENTS

- 250 g de lentilles corail
- 6 feuilles de bette
- 1 oignon
- 2 gousses d'ail
- 2 c. à café de pâte de curry orange
- 350 g de tomates concassées
- 200 g de lait de coco
- 1 c. à café d'huile d'arachide
- Sel

PRÉPARATION

1. Pelez l'ail et l'oignon. Coupez les gousses en deux et l'oignon en quatre et placez-les dans le bol mixeur. Mixez **5 secondes / vitesse 5** avec le gobelet doseur. Raclez les parois avec la spatule, ajoutez l'huile et faites cuire en **mode saisir / 7 minutes à 120 °C** sans le gobelet doseur.

2. Coupez les tomates en morceaux. Ajoutez les tomates, la pâte de curry et les lentilles dans le bol mixeur avec 30 cl d'eau et faites cuire **25 minutes à 90 °C / sens inverse / vitesse 1**.

3. Coupez les feuilles de bette en lanières. Ajoutez-les dans le bol mixeur et poursuivez la cuisson **5 minutes à 90 °C / sens inverse / vitesse 1**.

4. Salez si besoin puis ajoutez le lait de coco et mélangez **2 minutes / sens inverse / vitesse 1**.

Conseil

Servez avec du riz et parsemez le plat de feuilles de basilic thaï au moment de servir.

STOEMP

PRÉPARATION : 15 MIN

CUISSON : 49 MIN

POUR 4 PERS.

INGRÉDIENTS

- 400 g de pommes de terre à purée
- 300 g de chou blanc
- 1 carotte
- 1 petit poireau
- 1 oignon
- 1,5 l de bouillon de légumes
- 30 g de beurre à 40 % de matière grasse
- Sel et poivre

PRÉPARATION

1. Pelez les pommes de terre, la carotte et l'oignon. Coupez les pommes de terre en cubes, la carotte et le poireau en rondelles, le chou en tranches et l'oignon en huit.

2. Mettez l'oignon et le chou dans le bol mixeur et mixez **5 secondes / vitesse 5** avec le gobelet doseur.

3. Raclez les parois avec la spatule, ajoutez le beurre et faites cuire en **mode saisir 14 minutes à 120 °C** sans le gobelet doseur.

4. Videz le contenu du bol mixeur dans le panier cuisson. Ajoutez les pommes de terre, la carotte et le poireau puis installez le panier cuisson. Salez, poivrez et versez-y le bouillon. Faites cuire **35 minutes à 110 °C / vitesse 1**. Retirez le panier cuisson et videz le bouillon.

5. Mettez les légumes dans le bol mixeur et mixez **10 secondes / vitesse 4**.

Variante

N'hésitez pas à parsemer généreusement le stoemp de persil.

FLAN aux poireaux

PRÉPARATION : 10 MIN

CUISSON : 49 MIN

POUR 4 PERS.

INGRÉDIENTS

- 2 poireaux
- 1 oignon
- 4 œufs
- 10 cl de lait écrémé
- 90 g de crème allégée
- 50 g de Maïzena
- 10 g de beurre
- Sel et poivre

PRÉPARATION

1. Préchauffez le four à 180 °C (th. 6).
2. Pelez l'oignon, coupez-le en quatre, placez-le dans le bol mixeur et mixez **8 secondes / vitesse 5** avec le gobelet doseur.
3. Coupez les poireaux en rondelles et ajoutez-les dans le bol mixeur avec le beurre. Faites cuire en **mode saisir / 14 minutes à 120 °C / vitesse 1** sans le gobelet doseur.
4. Ajoutez la Maïzena, salez, poivrez et mélangez **20 secondes /sens inverse / vitesse 1**.
5. Ajoutez les œufs, la crème et le lait et mélangez **40 secondes /sens inverse / vitesse 2**.
6. Répartissez dans un moule à tarte d'environ 24 cm et enfournez pour 35 minutes.

Conseil

N'hésitez pas à déguster ce flan chaud, tiède ou même froid.

QUINOA
aux poivrons

PRÉPARATION : 10 MIN

CUISSON : 34 MIN

POUR 4 PERS.

INGRÉDIENTS

- 200 g de quinoa
- 1 poivron rouge
- 1 poivron jaune
- 1 poivron vert
- 200 g de sauce tomate (voir p. 12)
- 1 c. à soupe de double concentré de tomate
- 1 oignon
- 1 gousse d'ail
- 1 c. à soupe d'huile d'olive
- 1 pincée de piment d'Espelette
- Sel et poivre

PRÉPARATION

1. Coupez les poivrons en cubes. Pelez l'ail et l'oignon. Coupez l'ail en deux et l'oignon en quatre. Mettez-les dans le bol mixeur et mixez **5 secondes / vitesse 5** avec le gobelet doseur.

2. Ajoutez l'huile et les poivrons. Faites cuire en **mode saisir / 14 minutes à 120 °C** sans le gobelet doseur.

3. Ajoutez la sauce tomate, le concentré, le quinoa et le piment. Salez, poivrez et faites cuire **20 minutes à 100 °C / sens inverse / vitesse 1**.

Astuce

Vous n'êtes pas obligé d'utiliser des poivrons de trois couleurs.

COURGETTES *farcies au quinoa*

PRÉPARATION : 30 MIN

CUISSON : 23 MIN

POUR 4 PERS.

INGRÉDIENTS

- 4 petites courgettes
- 200 g de champignons de Paris
- 50 g de quinoa
- 1 petit oignon
- 1 gousse d'ail
- 1 c. à soupe de sauce soja
- Sel et poivre

Pour la chapelure

- 25 g de biscotte
- ½ gousse d'ail
- 1 tige de basilic effeuillée

PRÉPARATION

1. Faites cuire le quinoa dans une casserole puis égouttez-le. Cassez les biscottes dans le bol mixeur. Pelez la demi gousse d'ail et coupez-la en deux. Ajoutez-la dans le bol avec les feuilles de basilic. Salez, poivrez et **mixez 3 fois / 2 secondes en mode turbo**. Réservez la chapelure et essuyez le bol mixeur.

2. Coupez les courgettes en deux dans la longueur et évidez-les. Posez-les dans le panier vapeur plat. Versez 0,5 litre d'eau dans le bol mixeur, installez les paniers vapeur, couvrez et faites cuire en **mode cuisson vapeur / 10 minutes**.

3. Préchauffez le four à 220 °C (th. 7-8). Pelez l'ail et l'oignon. Coupez l'ail en deux et l'oignon en quatre. Mettez-les dans le bol mixeur et mixez **5 secondes / vitesse 5** avec le gobelet doseur.

4. Coupez les champignons en quatre. Mettez-les dans le bol mixeur et mixez **3 secondes / vitesse 5**. Raclez les parois. Salez, poivrez et faites cuire **8 minutes à 110 °C / vitesse 1**.

5. Transférer les champignons dans le panier cuisson et pressez-les à l'aide d'une spatule pour bien les égoutter. Mettez-les dans un saladier avec le quinoa, ajoutez la sauce soja et mélangez.

6. Répartissez la préparation dans les courgettes et parsemez-la de chapelure. Enfournez 5 minutes pour dorer.

Variante

Vous pouvez corser votre chapelure en y ajoutant quelques pincées de piment d'Espelette.

COUSCOUS VERT
au sarrasin

PRÉPARATION : 10 MIN

CUISSON : 15 MIN

POUR 4 PERS.

INGRÉDIENTS

200 g de sarrasin
100 g de haricots verts
100 g de poids gourmands
100 g de fèves écossées
1 courgette
Feuilles de menthe

Pour le bouillon

1 oignon
40 cl de bouillon de légumes
¼ de gingembre en poudre
½ citron confit
1 c. à café de ras el-hanout
3 brins d'origan

PRÉPARATION

1. Coupez la courgette en demi-rondelles, les haricots et les pois gourmands en deux. Répartissez les légumes dans les paniers vapeur plat et profond.
2. Pelez l'oignon et coupez-le en quatre. Mettez-le dans le bol mixeur et mixez **5 secondes / vitesse 5** avec le gobelet doseur.
3. Raclez les parois avec la spatule. Ajoutez le citron confit, l'origan, le ras el-hanout, le gingembre et le bouillon.
4. Installez les paniers vapeur, couvrez et faites cuire en **mode vapeur / 5 minutes**.
5. Préparez le sarrasin en suivant les indications portées sur l'emballage.
6. Servez le sarrasin dans les assiettes, répartissez les légumes, arrosez-les de sauce et parsemez-les de feuilles de menthe.

Variante

Vous pouvez remplacer le sarrasin par du boulgour ou du couscous.

Quiche AUX GIROLLES et tofu fumé

PRÉPARATION : 15 MIN

CUISSON : 42 MIN

POUR 4 À 6 PERS.

INGRÉDIENTS

- 1 pâte brisée aux herbes (voir p. 17)
- 250 g de girolles
- 100 g de tofu fumé
- 1 oignon
- 1 gousse d'ail
- 30 g de Maïzena
- 10 cl de lait écrémé
- 90 g de crème liquide allégée
- 3 œufs
- 10 g de beurre
- 1 c. à soupe de curry en poudre
- ½ c. à café de thym
- Sel et poivre

PRÉPARATION

1. Préchauffez le four à 180 °C (th. 6). Pelez l'ail et l'oignon. Coupez l'oignon en huit et l'ail en deux. Placez-les dans le bol mixeur et mixez **5 secondes / vitesse 5** avec le gobelet doseur.
2. Ajoutez le beurre et les girolles puis faites cuire en mode saisir **7 minutes à 120 °C / sens inverse / vitesse 1** sans le gobelet doseur.
3. Ajoutez la Maïzena, le curry et le thym, salez, poivrez généreusement et mélangez **20 secondes / sens inverse / vitesse 1**.
4. Ajoutez les œufs, la crème et le lait et mélangez **40 secondes / sens inverse / vitesse 1**.
5. Coupez le tofu en allumettes. Ajoutez-les dans le bol mixeur et mélangez **10 secondes / sens inverse / vitesse 1**.
6. Étalez la pâte brisée aux herbes à l'aide d'un rouleau à pâtisserie et tapissez-en un moule à tarte d'environ 24 cm de diamètre.
7. Garnissez-la avec le contenu du bol mixeur et enfournez la quiche pour 35 minutes.

Variante

N'hésitez pas à utiliser d'autres champignons des bois.

POTAGE DE LÉGUMES
riz et tofu

PRÉPARATION : 10 MIN

CUISSON : 29 MIN

POUR 4 PERS.

INGRÉDIENTS

- 250 g de petits bouquets de chou-fleur
- 150 g de bouquets de brocoli
- 250 g de tomates
- 1 carotte
- 60 g de riz mélangés (blanc, rouge et sauvage)
- 1 petit oignon
- 2 gousses d'ail
- 50 cl de bouillon de légumes
- 200 g de tofu fumé
- 2 c. à café de pâte de curry orange
- 4 brins de cerfeuil effeuillés
- 1 c. à soupe d'huile de tournesol
- Sel

PRÉPARATION

1. Pelez l'ail, l'oignon et la carotte. Coupez l'ail en deux, l'oignon en quatre, la carotte en grosses rondelles et la tomate en cubes.

2. Mettez la carotte, l'ail et l'oignon dans le bol mixeur et mixez **5 secondes / vitesse 5** avec le gobelet doseur. Raclez les parois avec la spatule. Ajoutez le brocoli et le chou-fleur puis mixez de nouveau **5 secondes / vitesse 5**.

3. Ajoutez l'huile et faites cuire en mode saisir **14 minutes à 120 °C / sens inverse / vitesse 1** sans le gobelet doseur.

4. Ajoutez le bouillon, les tomates, le cerfeuil, la pâte de curry et le riz puis faites cuire **10 minutes à 100 °C / vitesse 1**.

5. Coupez le tofu en dés, ajoutez-le dans le bol mixeur, salez si besoin et poursuivez la cuisson **5 minutes à 100 °C / vitesse 1.**

Info

Le tofu apporte à ce plat des protéines mais également un bon goût légèrement fumé.

POLENTA
aux poivrons

PRÉPARATION : 10 MIN

CUISSON : 47 MIN

POUR 4 PERS.

INGRÉDIENTS

2 poivrons rouges

1 poivron vert

1 poivron jaune

1 gros oignon

3 gousses d'ail

2 c. à soupe de double concentré de tomate

2 c. à café de paprika

½ c. à café de piment en poudre

1 c. à soupe d'huile d'olive

Sel et poivre

Pour la polenta

200 g de polenta

40 cl de lait écrémé

40 cl d'eau

Sel

PRÉPARATION

1. Pelez l'oignon et l'ail. Coupez l'oignon en quatre, l'ail en deux et les poivrons en lanières. Mettez l'oignon et l'ail dans le bol mixeur puis mixez **5 secondes / vitesse 5** avec le gobelet doseur.

2. Ajoutez les poivrons et l'huile puis faites cuire en **mode saisir / 14 minutes à 120 °C** sans le gobelet doseur.

3. Ajoutez le concentré de tomate, le paprika et le piment. Salez, poivrez et poursuivez la cuisson **15 minutes à 100 °C / sens inverse / vitesse 1** avec le gobelet doseur. Réservez les poivrons et lavez le bol mixeur.

4. Versez l'eau et le lait dans le bol mixeur, salez généreusement, poivrez et faites chauffer **10 minutes à 110 °C / vitesse 1**.

5. Ajoutez le batteur. Lancez la cuisson pour **8 minutes à 90 °C / vitesse 3** sans le gobelet doseur et versez tout de suite la polenta par l'orifice.

6. Servez la polenta dans les assiettes et répartissez les poivrons dessus.

Conseil

La polenta n'attend pas !
Préparez-la au dernier moment.

LASAGNES *vertes*

PRÉPARATION : 25 MIN

CUISSON : 45 MIN

POUR 4 PERS.

INGRÉDIENTS

- 1 douzaine de feuilles de lasagnes
- 300 g de feuilles de chou kale
- 200 g de feuilles d'épinards
- 3 échalotes
- 150 g de ricotta
- 2 crottins de chèvre secs
- 1 dose de béchamel ail et fines herbes (voir p. 14)
- Sel et poivre

PRÉPARATION

1. Ôtez les côtes des feuilles de kale et des épinards et hachez-les grossièrement. Pelez les échalotes, coupez-les en quatre et mettez-les dans le bol mixeur. Mixez **5 secondes / vitesse 5**. Raclez les parois. Ajoutez les feuilles de kale et faites cuire **5 minutes à 90 °C / vitesse 1** sans le gobelet doseur. Ajoutez les feuilles d'épinard et poursuivez la cuisson **10 minutes à 90 °C / vitesse 1**. Égouttez les feuilles dans le panier cuisson.

2. Préchauffez le four à 200 °C (th. 6-7).

3. Taillez les crottins en copeaux. Replacez les feuilles égouttées dans le bol mixeur, ajoutez la ricotta et les trois quarts des copeaux de crottins. Salez, poivrez et mélangez **10 secondes /vitesse 4**.

4. Étalez un quart de la béchamel au fond d'un plat à gratin et couvrez de feuilles de lasagnes. Déposez la moitié des feuilles de kale à la ricotta, un quart de béchamel, des feuilles de lasagne. Recommencez l'opération. Terminez en recouvrant de béchamel et copeaux de crottin.

5. Recouvrez d'une feuille d'aluminium et enfournez pour 15 minutes. Retirez l'aluminium et poursuivez la cuisson 15 minutes.

Conseil

Utilisez des crottins bien secs, ils apporteront plus de goût !

Tartes, gâteaux et gourmandises

ÎLES FLOTTANTES
à la fraise

PRÉPARATION : 15 MIN

CUISSON : 40 S

REPOS : 15 MIN

POUR 4 PERS.

INGRÉDIENTS

Pour la soupe de fraises

500 g de fraises

2 brins de menthe effeuillés

20 g de sucre en poudre

Le jus de ½ citron

Quelques groseilles blanches (facultatif)

Pour les îles flottantes

4 blancs d'œufs (140 g)

40 g de sucre glace

Variante

N'hésitez pas à ajouter 50 g de framboises aux fraises.

PRÉPARATION

1. Lavez et équeutez les fraises. Mettez-les dans le bol mixeur avec les feuilles de menthe (gardez quelques fraises et quelques feuilles pour la fin). Ajoutez le sucre et le jus de citron.

2. Mixez **20 secondes / vitesse 8** avec le gobelet doseur puis réservez. Lavez et essuyez le bol. Installez le fouet.

3. Tamisez le sucre glace dans le bol mixeur. Ajoutez les blancs d'œufs et battez en neige **5 minutes / vitesse 4**.

4. Remplissez à moitié quatre petits bols de blancs en neige et passez-les 40 secondes au micro-ondes à pleine puissance. Laissez refroidir.

5. Répartissez la soupe dans de petites assiettes creuses et démoulez les îles flottantes dessus. Décorez de feuilles de menthe, de groseilles et des fraises restantes avant de servir.

CHEESECAKE *acidulé*

PRÉPARATION : 15 MIN

CUISSON : 40 MIN

REPOS : AU MOINS 1 H

POUR 6 À 8 PERS.

INGRÉDIENTS

- 100 g de biscuits type Petit Beurre
- 2 c. à soupe de compote de pomme sans sucre ajouté
- 200 g de fromage blanc 0 %
- 200 g de cream cheese light type Philadelphia
- 3 œufs
- 1 c. à soupe de Maïzena
- 40 g de sucre en poudre
- Le zeste d'un citron vert finement râpé
- 40 g de groseilles plus quelques-unes pour la déco

PRÉPARATION

1. Cassez les biscuits dans le bol mixeur et mixez **10 secondes / vitesse 5** avec le gobelet doseur.
2. Ajoutez la compote et mélangez **5 secondes / vitesse 3**.
3. Étalez la préparation au fond d'un moule à charnière de 20 cm de diamètre. Réservez au réfrigérateur.
4. Lavez le bol mixeur et préchauffez le four à 180 °C (th. 6). Mettez le fromage blanc, le cream cheese et le zeste de citron dans le bol mixeur. Mixez **10 secondes / vitesse 5** avec le gobelet doseur. Ajoutez le sucre, la Maïzena et les jaunes d'œufs et mélangez **5 secondes / vitesse 3**. Réservez dans un saladier et lavez le bol mixeur.
5. Installez le batteur et mettez les blancs d'œufs dans le bol mixeur. Fouettez **4 min 30 / vitesse 4**. Incorporez délicatement les blancs à la crème.
6. Versez la pâte dans le moule et répartissez les groseilles. Enfournez pour 40 minutes.
7. Laissez refroidir avant de servir.

Conseil

Le cheesecake est encore meilleur après avoir passé quelques heures au réfrigérateur.

Soupe de prunes ET FRAMBOISES au thym

PRÉPARATION : 10 MIN

CUISSON : 5 MIN

POUR 4 PERS.

INGRÉDIENTS

- 600 g de prunes
- 60 g de framboises
- 3 branches de thym
- 2 c. à soupe de sirop d'agave

PRÉPARATION

1. Lavez et dénoyautez les prunes. Coupez-les en quatre ou huit selon leur taille et déposez-les dans le bol mixeur.
2. Ajoutez le thym et faites cuire **5 minutes à 90 °C / vitesse 2** sans le gobelet doseur.
3. Enlevez le thym. Ajoutez le sirop d'agave et les framboises puis mixez **5 secondes / vitesse 5** avec le gobelet doseur.

Conseil

N'hésitez pas à varier les types de prunes, quetsches ou mirabelles par exemple.

CLAFOUTIS
aux cerises

PRÉPARATION : 10 MIN

CUISSON : 25 MIN

POUR 6 À 8 PERS.

INGRÉDIENTS

- 400 g de cerises
- 2 œufs
- 2 jaunes d'œufs
- 80 g de farine
- 50 g de sucre en poudre
- 25 cl de lait écrémé

PRÉPARATION

1. Préchauffez le four à 180 °C (th. 6). Équeutez les cerises.
2. Installez le fouet. Mettez les œufs, les jaunes d'œufs et le sucre dans le bol mixeur. Fouettez **20 secondes / vitesse 5** avec le gobelet doseur puis raclez les parois avec la spatule.
3. Ajoutez la farine et le lait puis fouettez de nouveau **20 secondes / vitesse 5**.
4. Versez la pâte dans un plat à tarte et répartissez les cerises dessus.
5. Enfournez pour 25 minutes en surveillant la cuisson.

Variante

Vous pouvez remplacer les cerises par des petites mirabelles.

PANNA COTTA *exotique*

PRÉPARATION : 10 MIN

CUISSON : 5 MIN

REPOS : 4 H

POUR 4 PERS.

INGRÉDIENTS

- 50 cl de lait de coco allégé
- 40 g de sucre en poudre
- 3 feuilles de gélatine (6 g)
- 150 g de chair de mangue
- 2 fruits de la passion

PRÉPARATION

1. Mettez les feuilles de gélatine à ramollir dans un bol d'eau froide.
2. Versez le lait de coco et le sucre dans le bol mixeur puis faites chauffer **5 minutes à 60 °C / vitesse 3** avec le gobelet doseur.
3. Essorez les feuilles de gélatine, ajoutez-les dans le bol mixeur et mélangez **2 minutes / vitesse 3**.
4. Répartissez le mélange dans des verrines et réservez-les au réfrigérateur au moins 4 heures.
5. Mettez la chair de mangue dans le bol mixeur et mixez **5 secondes / vitesse 4** avec le gobelet doseur.
6. Ajoutez la pulpe des fruits de la passion et mélangez **10 secondes / vitesse 2**.
7. Répartissez le coulis sur les panna cotta.

Suggestion

Vous pouvez servir les panna cotta ornées de demi-rondelles de kiwi.

Crème AU CHOCOLAT croustillante

PRÉPARATION : 2 MIN

CUISSON : 20 MIN

REPOS : 2 H

POUR 4 PERS.

INGRÉDIENTS

- 50 cl de lait écrémé
- 45 g de cacao en poudre
- 25 g de Maïzena
- 50 g de sucre en poudre
- 30 g de sarrasin grillé
- 30 g de noisettes

PRÉPARATION

1. Installez le batteur. Mettez le cacao, le sucre et la Maïzena dans le bol mixeur puis mélangez **5 secondes / vitesse 3** avec le gobelet doseur.
2. Ajoutez le lait et faites cuire **20 minutes à 110 °C / vitesse 3** sans le gobelet doseur.
3. Répartissez la crème dans des verrines et réservez-les au réfrigérateur au moins 2 heures.
4. Concassez les noisettes. Au moment de servir, ajoutez le sarrasin et les noisettes dans les verrines.

Conseil

Pour conserver les crèmes, filmez-les une fois qu'elles sont froides.

Compote À L'ABRICOT et à la lavande

PRÉPARATION : 5 MIN

CUISSON : 20 MIN

POUR 4 PERS.

INGRÉDIENTS

- 500 g d'abricots
- 1 sachet de sucre vanillé
- 1 c. à café de fleurs de lavande bio

PRÉPARATION

1. Mettez dans le bol mixeur le sucre vanillé et les fleurs de lavande puis mixez en **mode turbo / 3 secondes** avec le gobelet doseur. Dénoyautez les abricots et coupez-les en quatre. Ajoutez-les dans le bol mixeur et faites cuire **20 minutes à 90 °C / vitesse 2**.

2. Mixez **15 secondes / vitesse 5**. Servez tiède ou froid.

Info

Vous pouvez utiliser cette compote pour accompagner un yaourt ou du fromage blanc.

Perles DU JAPON *amandes et fruits*

PRÉPARATION : 5 MIN

CUISSON : 22 MIN

REPOS : 2 H

POUR 4 PERS.

INGRÉDIENTS

- 40 g de perles du Japon
- 50 cl de lait d'amande sans sucre ajouté
- 3 nectarines
- 30 g de myrtilles
- 30 g de framboises
- 15 d'amandes entières
- 1 sachet de sucre vanillé
- 2 c. à soupe de sirop d'agave

Attention

Vérifiez le temps de cuisson des perles du Japon et adaptez-le si nécessaire.

PRÉPARATION

1. Versez le lait d'amande, le sucre vanillé et une cuillerée à soupe de sirop d'agave dans le bol mixeur. Faites chauffer **5 minutes à 90 °C / vitesse 1** sans le gobelet doseur. Ajoutez les perles du Japon et faites cuire **12 minutes à 90 °C / sens inverse / vitesse 1**.

2. Répartissez le mélange dans les verres et laissez-les refroidir au réfrigérateur au moins 2 heures.

3. Dénoyautez les nectarines et coupez-les en morceaux. Placez-les dans le bol mixeur avec la cuillerée de sirop d'agave restante. Faites cuire **5 minutes à 90 °C / vitesse 2**. Répartissez la compote dans les verres.

4. Hachez grossièrement les amandes. Répartissez-les dans les verres et ajoutez les framboises et les myrtilles.

TARTE
aux nectarines

PRÉPARATION : 20 MIN

CUISSON : 40 MIN

POUR 6 À 8 PERS.

INGRÉDIENTS

- 3 nectarines bio
- 1 pâte brisée au yaourt (voir p. 16)
- 120 g de fromage blanc 0 %
- 140 g de cream cheese light de type Philadelphia
- 2 œufs
- 1 c. à soupe de Maïzena
- 40 g de sucre en poudre

Variante

Vous pouvez remplacer les nectarines par des pêches. Dans ce cas, pensez à les éplucher.

PRÉPARATION

1. Préchauffez le four à 180 °C (th. 6).

2. Étalez la pâte brisée au yaourt à l'aide d'un rouleau à pâtisserie et foncez un moule à tarte de 24 cm de diamètre.

3. Mettez le fromage blanc et le cream cheese dans le bol mixeur. Mixez **10 secondes / vitesse 5** avec le gobelet doseur. Ajoutez le sucre, la Maïzena et les jaunes d'œufs puis mélangez **5 secondes / vitesse 3**. Réservez dans un saladier et lavez le bol mixeur.

4. Installez le batteur et mettez les blancs d'œufs dans le bol mixeur. Fouettez **4 minutes 30 / vitesse 4**. Incorporez délicatement les blancs en neige à la crème dans le saladier puis versez-la sur la pâte.

5. Coupez les nectarines en deux puis en tranches et répartissez-les sur la tarte. Enfournez pour 40 minutes.

6. Laissez refroidir avant de servir.

CRÈMES au café

PRÉPARATION : 5 MIN

CUISSON : 24 MIN

REPOS : 3 H

POUR 4 PERS.

INGRÉDIENTS

- 50 cl de lait écrémé
- 4 g de café lyophilisé
- 25 g de Maïzena
- 50 g de sucre en poudre

Pour la gelée

- 2 g de café lyophilisé
- 10 g de sucre en poudre
- 12 cl d'eau
- 2 feuilles de gélatine (4 g)

Conseil

Filmez les crèmes refroidies pour les conserver.

PRÉPARATION

1. Installez le batteur. Mettez le café, le sucre et la Maïzena dans le bol mixeur et mélangez **5 secondes / vitesse 3** avec le gobelet doseur.

2. Ajoutez le lait et faites cuire **20 minutes à 110 °C / vitesse 3** sans le gobelet doseur.

3. Répartissez la crème dans des verrines et réservez-les au réfrigérateur au moins 1 heure. Retirez le batteur et lavez le bol mixeur.

4. Mettez les feuilles de gélatine à ramollir dans un bol d'eau froide.

5. Versez l'eau, le sucre et le café dans le bol mixeur. Faites chauffer **4 minutes à 90 °C / vitesse 1** sans le gobelet doseur.

6. Essorez les feuilles de gélatine et ajoutez-les dans le bol mixeur. Mélangez **10 secondes / vitesse 2**.

7. Répartissez la gelée sur les verrines et réservez-les de nouveau au réfrigérateur au moins 2 heures.

Mousse AUX PÊCHES et aux fraises

PRÉPARATION : 15 MIN

CUISSON : 10 MIN

REPOS : 2 H 20 MIN

POUR 4 PERS.

INGRÉDIENTS

- 300 g de pêches
- 200 g de fraises
- 150 g de fromage blanc 0 %
- 4 blancs d'œufs
- 50 g de sucre glace
- 2 feuilles de gélatine (4 g)
- 1 c. à soupe de jus de citron

PRÉPARATION

1. Mettez les feuilles de gélatine à ramollir dans un bol d'eau froide.
2. Pelez et coupez les pêches en morceaux, placez-les dans le bol mixeur et versez le jus de citron dessus. Faites cuire **10 minutes à 90 °C / vitesse 2**. Mixez **5 secondes / vitesse 4** avec le gobelet doseur.
3. Essorez les feuilles de gélatine, ajoutez-les dans le bol mixeur et mélangez **10 secondes / vitesse 4**.
4. Laissez tiédir. Ajoutez le fromage blanc et mélangez **5 secondes / vitesse 4**. Transférez dans un saladier puis lavez le bol.
5. Installez le batteur et mettez les blancs d'œufs dans le bol mixeur. Fouettez **4 minutes 30 / vitesse 4** sans le gobelet doseur. À 3 minutes, versez le sucre glace en pluie par l'ouverture. Ajoutez le mélange dans le saladier avec les pêches et mélangez délicatement à la spatule.
6. Équeutez les fraises, placez-les dans le bol mixeur et mixez **5 secondes / vitesse 3** avec le gobelet doseur. Répartissez puis ajoutez la mousse de pêches. Réservez 2 heures au réfrigérateur.

Variante

Vous pouvez remplacer la moitié des fraises par des framboises.

MUFFINS aux figues

PRÉPARATION : 15 MIN

CUISSON : 30 MIN

POUR UNE DIZAINE DE MUFFINS

INGRÉDIENTS

- 300 g de figues fraîches
- 100 g de farine
- 4 œufs
- 250 g de ricotta
- 60 g de poudre d'amandes
- 60 g de sucre en poudre
- 1 sachet de levure chimique

Conseil

Conservez les muffins dans une boîte hermétique.

PRÉPARATION

1. Préchauffez le four à 180 °C (th 6).

2. Installez le batteur et mettez les blancs d'œufs dans le bol mixeur. Fouettez **4 min 30 / vitesse 4** avec le gobelet doseur. Réservez dans un saladier et ôtez le batteur.

3. Mettez les jaunes d'œufs et le sucre dans le bol mixeur et mélangez **40 secondes / vitesse 4**.

4. Ajoutez la ricotta, la farine, la levure et la poudre d'amandes puis mélangez **2 minutes / vitesse 4**.

5. Transférez l'appareil dans le saladier et mélangez délicatement avec une spatule pour incorporer les œufs en neige.

6. Coupez les figues en petits morceaux, en gardant quelques tranches pour décorer les muffins, et incorporez-les à la pâte.

7. Placez des caissettes à muffins dans des moules et garnissez-les de pâte aux trois quarts. Déposez des tranches de figue dessus et enfournez pour 30 minutes.

GÂTEAU *aux pommes*

PRÉPARATION : 15 MIN

CUISSON : 40 MIN

POUR 6 PERS.

INGRÉDIENTS

- 500 g de pommes
- 200 g de farine
- 150 g de skyr
- 4 œufs
- 60 g de sucre en poudre
- 1 sachet de levure chimique

Conseil

Vous pouvez arroser les pommes d'un filet de jus de citron.

PRÉPARATION

1. Préchauffez le four à 180 °C (th. 6).

2. Mettez le sucre en poudre et les jaunes d'œufs dans le bol mixeur et mélangez **40 secondes / vitesse 5** avec le gobelet doseur. Raclez les parois avec la spatule.

3. Ajoutez le skyr, la farine et la levure puis mélangez de nouveau **40 secondes / vitesse 4**. Réservez dans un saladier.

4. Lavez le bol mixeur et installez le batteur. Mettez les blancs d'œufs dans le bol mixeur. **Fouettez 4 min 30 / vitesse 4** avec le gobelet doseur. Incorporez un tiers des blancs en neige à la pâte dans le saladier en mélangeant vivement avec une spatule, puis incorporez le reste plus délicatement jusqu'à obtenir une pâte homogène.

5. Versez la pâte dans un moule tapissé d'une feuille de papier cuisson.

6. Pelez et coupez les pommes en petits morceaux et déposez-les sur la pâte. Enfoncez-les légèrement dans la pâte du bout du doigt et enfournez pour 40 minutes.

Compote poire, CANNELLE et gingembre

PRÉPARATION : 5 MIN

CUISSON : 20 MIN

REPOS : 20 MIN

POUR 4 PERS.

INGRÉDIENTS

- 6 poires mûres
- 15 g de gingembre frais
- 2 bâtons de cannelle
- Le jus de ½ citron

PRÉPARATION

1. Pelez et coupez les poires en morceaux. Mettez-les dans le bol mixeur et arrosez-les de jus de citron.

2. Coupez le gingembre en grosses tranches puis ajoutez-le dans le bol mixeur avec les bâtons de cannelle et faites cuire **20 minutes à 100 °C / sens inverse / vitesse 1** sans le gobelet doseur.

3. Laissez tiédir ou refroidir avant de servir.

Attention

Pensez à retirer les tranches de gingembre avant de servir.

PANCAKES
banane-cannelle

PRÉPARATION : 10 MIN

CUISSON : 24 MIN

POUR 8 PANCAKES

INGRÉDIENTS

- 3 bananes
- 3 œufs
- 6 cl de lait d'amande
- 80 g de farine
- ½ c. à café de cannelle en poudre
- 1 sachet de levure chimique
- Huile de tournesol

PRÉPARATION

1. Pelez et coupez deux bananes et demie en demi-rondelles.
2. Mettez-les dans le bol mixeur avec les œufs et le lait d'amande. Mélangez **20 secondes / vitesse 6** avec le gobelet doseur.
3. Ajoutez la levure, la cannelle et la farine et mélangez **1 minute / vitesse 4**.
4. Coupez la demi-banane restante en deux dans la longueur puis chaque moitié en quatre, toujours dans la longueur.
5. Huilez légèrement une poêle antiadhésive et faites-la chauffer à feu moyen. Déposez une tranche de banane et une louche de pâte dans la poêle. Faites cuire environ 3 minutes en retournant à mi-cuisson.

Conseil

Les pancakes sont toujours meilleurs dégustés juste après leur cuisson !

PANCAKES aux fruits

PRÉPARATION : 10 MIN

CUISSON : 24 MIN

POUR 8 PANCAKES

INGRÉDIENTS

- 100 g de groseilles
- 100 g de myrtilles
- 100 g de fromage blanc 0 %
- 100 g de compote de pommes sans sucre ajouté
- 100 g de farine
- 80 g de flocons d'avoine
- 3 œufs
- 1 sachet de sucre vanillé
- 1 sachet de levure chimique
- Huile de tournesol

Astuce

N'hésitez pas à utiliser des fruits surgelés.

PRÉPARATION

1. Mettez les flocons d'avoine dans le bol mixeur et mixez en **mode turbo / 2 secondes** avec le gobelet doseur. Réservez et essuyez le bol mixeur.

2. Mettez le fromage blanc, la compote et les jaunes d'œufs dans le bol mixeur. Mélangez **30 secondes / vitesse 4**.

3. Ajoutez les flocons d'avoine, la farine, la levure et le sucre vanillé. Mélangez **1 minute / vitesse 4**. Transférez la pâte dans un saladier et lavez le bol mixeur.

4. Installez le batteur et mettez les blancs d'œufs dans le bol mixeur. Fouettez **4 minutes 30 secondes / vitesse 4** avec le gobelet doseur. Incorporez les blancs en neige à la pâte dans un saladier.

5. Faites chauffer une poêle antiadhésive à feu moyen et huilez-la légèrement à l'aide d'un papier absorbant. Déposez quelques fruits et une louche de pâte dans la poêle. Faites cuire environ 3 minutes en retournant à mi-cuisson.

Compote pomme, RHUBARBE et raisins secs

PRÉPARATION : 5 MIN

CUISSON : 20 MIN

POUR 4 PERS.

INGRÉDIENTS

- 400 g de pommes
- 250 g de rhubarbe
- 40 g de raisins secs
- 2 c. à soupe de sucre en poudre

PRÉPARATION

1. Pelez les pommes, enlevez le trognon et coupez-les en huit. Coupez la rhubarbe en petits tronçons.
2. Placez les pommes, la rhubarbe et le sucre dans le bol mixeur. Faites cuire **10 minutes à 90 °C / vitesse 1** avec le gobelet doseur.
3. Ajoutez les raisins secs et poursuivez la cuisson **10 minutes à 90 °C / vitesse 1**.

Conseil

Faites gonfler les raisins secs dans un bol de thé tiède avant de les utiliser.

MOUSSE au chocolat

PRÉPARATION : 15 MIN

CUISSON : 8 MIN

REPOS : 2 H 10 MIN

POUR 4 PERS.

INGRÉDIENTS

- 220 g de chocolat noir à 70 % de cacao
- 3 jaunes d'œufs
- 6 blancs d'œufs
- 50 g de sucre en poudre

Conseil

Pensez à sortir les mousses quelques minutes avant de les déguster, elles n'en seront que plus onctueuses.

PRÉPARATION

1. Cassez 190 g de chocolat en morceaux et mettez-les dans le bol mixeur. Mixez **8 secondes / vitesse 8** avec le gobelet doseur.
2. Raclez les parois et faites chauffer **8 minutes à 50 °C / vitesse 2**.
3. Laissez tiédir 10 minutes puis ajoutez le sucre et les jaunes d'œufs. Mélangez **20 secondes / vitesse 6** puis réservez dans un saladier.
4. Lavez le bol mixeur et installez le batteur. Versez les blancs d'œufs dans le bol mixeur et battez en neige **4 min 30 / vitesse 4**.
5. Incorporez un tiers des blancs en neige au chocolat dans le saladier en mélangeant vivement avec une spatule, puis incorporez le reste plus délicatement jusqu'à obtenir une mousse homogène.
6. Râpez les 30 g de chocolat restants avec une râpe à gros trous. Ajoutez-les à la mousse, mélangez rapidement et répartissez dans des verrines. Réservez au réfrigérateur au moins 2 heures.

RIZ AU LAIT
poire-badiane

PRÉPARATION : 5 MIN

CUISSON : 65 MIN

POUR 4 PERS.

INGRÉDIENTS

- 100 g de riz rond
- 60 cl de lait demi-écrémé
- 30 g de sucre vanillé
- 500 g de poires
- 3 étoiles de badiane
- 10 g de sucre muscovado

PRÉPARATION

1. Versez le lait dans le bol mixeur et faites-le chauffer **5 minutes à 90 °C / vitesse 1** avec le gobelet doseur.

2. Ajoutez le riz et le sucre vanillé. Faites cuire **40 minutes à 90 °C / vitesse 1** avec le panier vapeur profond à la place du couvercle. Réservez dans un saladier le temps de préparer les poires.

3. Pelez les poires et coupez-les en morceaux. Mettez-les dans le bol mixeur avec le sucre muscovado et les étoiles de badiane. Faites cuire **20 minutes à 90 °C / sens inverse / vitesse 1**.

4. Retirez les étoiles de badiane et remplissez des verrines en alternant des couches de riz au lait et de compote de poires. Servez tiède ou froid.

FLAN
aux pommes

PRÉPARATION : 10 MIN

CUISSON : 60 MIN

REPOS : 1 H

POUR 4 PERS.

INGRÉDIENTS

- 400 g de pommes
- 50 cl de lait écrémé
- 15 cl de crème liquide
- 50 g de Maïzena
- 30 g de sucre en poudre
- 5 jaunes d'œufs
- 1 sachet de sucre vanillé

Astuce

Vous pouvez utiliser la même pâte pour réaliser un flan nature.

PRÉPARATION

1. Préchauffez le four à 160 °C (th. 5-6).

2. Pelez les pommes, ôtez les trognons, réservez une demi-pomme et coupez le reste en dés. Placez-les dans le bol mixeur avec le sucre vanillé et faites cuire **10 minutes à 130 °C / sens inverse / vitesse 1** sans le gobelet doseur. Réservez.

3. Mettez la crème, le lait, les jaunes d'œufs, le sucre et la Maïzena dans le bol mixeur. Mélangez **4 secondes / vitesse 5**, puis faites cuire **8 minutes à 90 °C / vitesse 3**.

4. Ajoutez les pommes cuites et mélangez **5 secondes / sens inverse / vitesse 1**.

5. Versez la pâte dans un moule d'environ 18 cm de diamètre. Coupez la demi-pomme en quatre quartiers, puis chaque quartier en lamelles. Disposez-les délicatement sur le flan. Couvrez d'une feuille d'aluminium en veillant à ne pas toucher la pâte. Enfournez pour 30 minutes.

6. Enlevez la feuille d'aluminium et poursuivez la cuisson 20 minutes. Laissez refroidir avant de servir.

PANNA COTTA
à la framboise

PRÉPARATION : 10 MIN

CUISSON : 13 MIN

REPOS : 4 H

POUR 4 PERS.

INGRÉDIENTS

- 40 cl de crème allégée
- 20 cl de lait écrémé
- 40 g de sucre
- 3 feuilles de gélatine (6 g)

Pour le coulis

- 150 g de framboises
- 30 g de sucre

Variante

N'hésitez pas à remplacer les framboises par des fraises.

PRÉPARATION

1. Faites ramollir les feuilles de gélatine dans un bol d'eau froide.
2. Placez les framboises, 30 g de sucre et 20 cl d'eau dans le bol mixeur et faites chauffer **8 minutes à 90 °C / vitesse 3** sans le gobelet doseur.
3. Répartissez le coulis au fond des verrines et réservez-les au réfrigérateur le temps de préparer la panna cotta. Lavez le bol mixeur.
4. Versez la crème, le lait et le sucre dans le bol mixeur. Faites chauffer **5 minutes à 60 °C / vitesse 3**.
5. Essorez la gélatine et ajoutez-la dans le bol mixeur. Mélangez **2 minutes / vitesse 3**.
6. Répartissez le mélange dans les verrines, sur le coulis de framboises, et réservez-les au réfrigérateur au moins 4 heures.

FIADONE RICOTTA
et citron

PRÉPARATION : 10 MIN

CUISSON : 30 MIN

REPOS : 30 MIN

POUR 4 À 6 PERS.

INGRÉDIENTS

- 250 g de ricotta
- 4 œufs
- 60 g de sucre en poudre
- Le zeste d'un citron finement râpé

PRÉPARATION

1. Préchauffez le four à 180 °C (th. 6).
2. Mettez les jaunes d'œufs, le sucre et le zeste de citron dans le bol mixeur. Mélangez **1 minute / vitesse 4** avec le gobelet doseur.
3. Ajoutez la ricotta et mélangez **20 secondes / vitesse 3**. Réservez dans un saladier.
4. Lavez le bol mixeur et installez le batteur. Mettez les blancs d'œufs dans le bol et fouettez **4 minutes 30 / vitesse 4**.
5. Incorporez les blancs en neige à la pâte dans le saladier. Versez la pâte dans un moule à tarte d'environ 22 cm et enfournez pour une trentaine de minutes. Laissez refroidir avant de servir.

Variante

Vous pouvez réaliser cette recette avec du citron vert.

CRÈME
à la banane

PRÉPARATION : 5 MIN

CUISSON : 12 MIN

REPOS : 2 H

POUR 4 PERS.

INGRÉDIENTS

- 300 g de bananes bien mûres
- 40 cl de Maïzena
- 3 jaunes d'œufs
- 40 cl de lait écrémé
- 1 sachet de sucre vanillé
- Le jus de ½ citron

PRÉPARATION

1. Coupez les bananes en rondelles et placez-les dans le bol mixeur. Ajoutez le sucre et le jus de citron puis mélangez **15 secondes / vitesse 5** avec le gobelet doseur.
2. Ajoutez le lait, les jaunes d'œufs et la Maïzena puis mélangez **10 secondes / vitesse 5**.
3. Faites cuire **12 minutes à 100 °C / vitesse 3** sans le gobelet doseur.
4. Versez la crème dans des ramequins, couvrez-les d'un film alimentaire et réservez-les 2 heures au réfrigérateur.

Conseil

Les bananes n'aimant pas attendre, ne tardez pas à déguster ces crèmes !

Crème AU CHIA et fruits rouges

PRÉPARATION : 10 MIN

CUISSON : 8 MIN

REPOS : 2 H

POUR 4 PERS.

INGRÉDIENTS

- 80 g de graines de chia
- 30 cl de lait d'amande
- 2 c. à soupe de sirop d'agave
- 120 g de fruits rouges mélangés (fraises, groseilles, myrtilles...)

Pour le coulis

- 100 g de framboises
- 20 g de sucre

PRÉPARATION

1. Mettez les graines de chia, le sirop d'agave et le lait d'amande dans le bol mixeur. Mélangez **1 minute / vitesse 2**.

2. Répartissez dans des verrines et réservez-les au réfrigérateur le temps de préparer le coulis. Lavez le bol mixeur.

3. Placez les framboises, le sucre et 10 cl d'eau dans le bol mixeur puis faites chauffer **8 minutes à 90 °C / vitesse 3** sans le gobelet doseur.

4. Répartissez le coulis dans les verrines et réservez-les au réfrigérateur au moins 2 heures.

5. Au moment de servir, coupez les plus gros fruits en deux et répartissez-les sur le coulis.

Variante

Vous pouvez réaliser ce dessert avec un seul fruit rouge.

PORRIDGE raisins-noisettes

PRÉPARATION : 10 MIN

CUISSON : 10 MIN

REPOS : 20 MIN

POUR 4 PERS.

INGRÉDIENTS

- 150 g de flocons d'avoine
- 7 cl de lait écrémé
- 40 g de sucre de coco
- 200 g de raisin
- 30 g de noisettes

PRÉPARATION

1. Versez les flocons d'avoine, le lait et le sucre dans le bol mixeur. Faites cuire **10 minutes à 90 °C / vitesse 1** avec le gobelet doseur puis laissez tiédir.

2. Coupez les grains de raisin en deux et hachez grossièrement les noisettes. Mélangez-en la moitié au porridge et répartissez le reste dessus au moment de servir.

Conseil

N'attendez pas trop pour déguster ce porridge : le liquide risque d'être absorbé par les flocons d'avoine.

Desserts glacés et boissons

JUS TONIQUE *vert*

PRÉPARATION : 5 MIN

POUR 4 PERS.

INGRÉDIENTS

- 2 pommes vertes
- 2 kiwis
- 1 tige de céleri
- Le jus de 2 citrons verts
- 300 g de glaçons

PRÉPARATION

1. Lavez les pommes, coupez-les en morceaux puis enlevez le trognon. Épluchez les kiwis et coupez-les en quatre. Coupez la tige de céleri en tronçons.
2. Placez le tout dans le bol mixeur et mixez **40 secondes / vitesse 6** avec le gobelet doseur.
3. Raclez les parois avec la spatule, ajoutez les glaçons et mixez **30 secondes / vitesse 8**. Raclez à nouveau les parois et mixez encore **30 secondes / vitesse 8**.

Variante

Vous pouvez ajouter une poignée de pousses d'épinards en même temps que les autres ingrédients.

VIRGIN MOJITO
à la pastèque

PRÉPARATION : 5 MIN

POUR 4 PERS.

INGRÉDIENTS

- 600 g de chair de pastèque
- Le jus de 2 citrons verts
- 100 g de glaçons
- 1 c. à café de gingembre râpé
- 2 brins de menthe effeuillés
- Eau pétillante

PRÉPARATION

1. Coupez la pastèque en gros cubes et placez-la dans le bol mixeur. Ajoutez le gingembre et le jus de citron puis mixez **30 secondes / vitesse 4** avec le gobelet doseur.
2. Ajoutez les glaçons et mixez **30 secondes / vitesse 8**.
3. Écrasez légèrement les feuilles de menthe dans les verres puis répartissez-y le contenu du bol mixeur. Complétez d'eau pétillante à votre goût.

Attention

Ne mixez surtout pas les feuilles de menthe, elles risque de donner un goût désagréable.

MOCKTAIL
mangue-ananas

PRÉPARATION : 10 MIN

POUR 4 PERS.

INGRÉDIENTS

- 1 ananas Victoria
- 1 mangue
- Le jus de 2 oranges
- Le jus de 1 citron vert
- 100 g de glaçons
- 1 fruit de la passion (facultatif)

PRÉPARATION

1. Pelez et coupez l'ananas et la mangue en morceaux. Placez-les dans le bol mixeur. Ajoutez les glaçons, les jus d'orange et de citron et mixez **40 secondes / vitesse 8** avec le gobelet doseur.

2. Raclez les parois à l'aide de la spatule. Ajoutez 30 cl d'eau et mixez de nouveau **10 secondes / vitesse 8**.

3. Coupez le fruit de la passion en deux et répartissez la pulpe dans les verres au moment de servir.

Variante

Vous pouvez remplacer l'ananas Victoria par de l'ananas en boîte.

MOCKTAIL
vert

PRÉPARATION : 5 MIN

POUR 4 PERS.

INGRÉDIENTS

- 2 pommes vertes
- 6 kiwis
- ½ concombre
- 200 g de glaçons

PRÉPARATION

1. Pelez les pommes, ôtez le trognon et coupez-les en huit. Pelez les kiwis et coupez-les en quatre. Coupez le concombre en demi-rondelles.
2. Déposez le tout dans le bol mixeur et mixez **20 secondes / vitesse 8**.
3. Raclez les parois avec la spatule, ajoutez les glaçons et mixez **40 secondes / vitesse 8**.
4. Ajoutez 20 cl d'eau et mixez une dernière fois **10 secondes / vitesse 10**.

Conseil

Vous pouvez citronner légèrement les pommes après avoir coupées pour éviter qu'elles s'oxydent.

MILKSHAKE exotique

PRÉPARATION : 10 MIN

POUR 4 PERS.

INGRÉDIENTS

- 1 mangue
- 1 petit ananas Victoria
- 100 g de lait de coco allégé
- 5 g de gingembre frais
- 200 g de glaçons

PRÉPARATION

1. Pelez la mangue et l'ananas et coupez la chair en morceaux. Pelez le gingembre et coupez-le en quatre.
2. Mettez l'ananas, la mangue et le gingembre dans le bol mixeur et mixez **10 secondes / vitesse 8** avec le gobelet doseur.
3. Raclez les parois avec la spatule. Ajoutez le lait de coco et mixez **5 secondes / vitesse 8**.
4. Raclez de nouveau les parois, ajoutez les glaçons et 20 cl d'eau puis mixez **20 secondes / vitesse 10**.

Conseil

Augmentez la quantité de gingembre pour un goût plus prononcé.

MILKSHAKE à la fraise

PRÉPARATION : 5 MIN

POUR 4 PERS.

INGRÉDIENTS

- 600 g de fraises
- 280 g de skyr
- 2 c. à soupe de sirop d'agave
- 5 cl de lait
- Quelques feuilles de menthe

PRÉPARATION

1. Lavez et équeutez les fraises. Coupez les plus grosses en deux et placez-les dans le bol mixeur.
2. Ajoutez le skyr et mixez **15 secondes / vitesse 10** avec le gobelet doseur. Raclez les parois avec la spatule.
3. Ajoutez le sirop d'agave et le lait puis mixez de nouveau **10 secondes / vitesse 10**. Servez sans attendre.

Variante

Vous pouvez remplacer le skyr par du yaourt à la grecque à 0 %.

MOCKTAIL *vitalité*

PRÉPARATION : 5 MIN

POUR 4 PERS.

INGRÉDIENTS

- 1 mangue bien mûre
- 300 g de papaye
- 2 kiwis jaunes
- 20 cl de jus d'orange
- 20 cl de jus de carotte

PRÉPARATION

1. Pelez la mangue, la papaye et les kiwis puis coupez le tout en morceaux.
2. Placez-les dans le bol mixeur et mixez **20 secondes / vitesse 8** avec le gobelet doseur. Raclez les parois à l'aide de la spatule.
3. Ajoutez les jus d'orange et de carotte et mixez de nouveau **10 secondes / vitesse 8**.

Conseil

Si vous souhaitez un mocktail plus liquide, doublez la quantité de jus d'orange.

Boisson crémeuse AMANDE, BANANE et myrtilles

PRÉPARATION : 5 MIN

POUR 4 PERS.

INGRÉDIENTS

- 80 cl de lait d'amande
- 2 bananes bien mûres
- 200 g de myrtilles surgelées

PRÉPARATION

1. Pelez les bananes et coupez-les en rondelles. Placez-les dans le bol mixeur. Ajoutez les myrtilles et un quart du lait d'amande.
2. Mixez **10 secondes / vitesse 10** avec le gobelet doseur.
3. Raclez les parois avec la spatule et mixez de nouveau **10 secondes / vitesse 10**. Servez sans attendre.

Info

En saison, vous pouvez bien sûr utiliser des myrtilles fraîches.

ESQUIMAUX
fraise-basilic

PRÉPARATION : 5 MIN

REPOS : AU MOINS 4 H

POUR UNE DOUZAINE D'ESQUIMAUX

INGRÉDIENTS

- 300 g de fraises
- 2 brins de basilic effeuillés
- 30 g de sucre de coco
- Le jus d'½ citron vert

PRÉPARATION

1. Lavez et équeutez les fraises. Mettez-les dans le bol mixeur avec les feuilles de basilic.
2. Ajoutez le sucre et le jus de citron. Mixez **20 secondes / vitesse 8**.
3. Répartissez le mélange dans des moules à esquimaux et placez-les au congélateur au moins 4 heures, et si possible toute la nuit.

Variante

Vous pouvez remplacer le basilic par de la menthe.

Sorbet melon, GINGEMBRE et citron vert

PRÉPARATION : 5 MIN

REPOS : AU MOINS 4 H

POUR 4 PERS.

INGRÉDIENTS

- 600 g de chair de melon bien mûr
- 1 c. à café de gingembre frais finement râpé
- ½ c. à café de zeste de citron vert finement râpé
- 1 blanc d'œuf

PRÉPARATION

1. Coupez la chair du melon en dés. Déposez-les sur une plaque couverte d'une feuille de papier cuisson et réservez-les au congélateur au moins 4 heures, et si possible toute une nuit.

2. Placez le melon, le zeste de citron et le gingembre râpé dans le bol mixeur puis mixez **1 minute / vitesse 5** avec le gobelet doseur.

3. Raclez les parois à l'aide de la spatule, installez le fouet, ajoutez le blanc d'œuf et fouettez **30 secondes / vitesse 4**.

4. Placez dans un moule et dégustez sans attendre ou conservez au congélateur jusqu'au moment de servir.

Conseil

Pensez à sortir la glace du congélateur une vingtaine de minutes avant de la servir.

Frozen YOGOURTS aux mirabelles

PRÉPARATION : 15 MIN

REPOS : AU MOINS 4 H

POUR 4 PERS.

INGRÉDIENTS

- 600 g de mirabelles bien mûres
- 300 g de skyr
- 10 g de pistaches

Variante

Vous pouvez remplacer les mirabelles par des quetsches ou des reines-claudes.

PRÉPARATION

1. Lavez et dénoyautez les mirabelles. Posez-les sur une plaque couverte d'une feuille de papier cuisson et réservez-les au congélateur au moins 4 heures, et si possible toute une nuit.

2. 10 minutes avant de commencer, réservez le skyr au congélateur.

3. Placez le skyr et les mirabelles dans le bol mixeur et mixez **30 secondes / vitesse 8** avec le gobelet doseur.

4. Raclez les parois à l'aide de la spatule et mixez de nouveau **30 secondes / vitesse 8**.

5. Hachez grossièrement les pistaches. Répartissez les frozen yogourts dans des verrines et saupoudrez-les de pistaches. Dégustez sans attendre ou conservez-les au congélateur jusqu'au moment de servir.

FROZEN YOGURT
à la pêche

PRÉPARATION : 5 MIN

REPOS : AU MOINS 4 H

POUR 4 PERS.

INGRÉDIENTS

- 500 g de pêches
- 300 g de skyr
- 2 brins de basilic thaï effeuillés

PRÉPARATION

1. Pelez et dénoyautez les pêches puis coupez-les en morceaux.
2. Posez-les sur une plaque couverte d'une feuille de papier cuisson et réservez-les au congélateur au moins 4 heures, et si possible toute une nuit.
3. 10 minutes avant de commencer, réservez le skyr au congélateur.
4. Placez le skyr, les pêches et les feuilles de basilic dans le bol mixeur puis mixez **1 minute / vitesse 8** avec le gobelet doseur.
5. Raclez les parois à l'aide de la spatule et mixez de nouveau **1 minute / vitesse 8**.

Info

Vous pouvez déguster la glace à l'instant si elle est assez ferme, sinon remettez-la au congélateur quelques minutes avant de la consommer.

SLUSH EXOTIQUE
à la banane

PRÉPARATION : 5 MIN

REPOS : AU MOINS 4 H

POUR 4 PERS.

INGRÉDIENTS

- 4 bananes mûres
- 250 g de chair d'ananas
- 20 cl de lait de coco
- Le jus de ½ citron vert

PRÉPARATION

1. Coupez l'ananas en morceaux. Pelez et coupez les bananes en rondelles.
2. Étalez les fruits sur une plaque couverte de papier cuisson et réservez au congélateur au moins 4 heures. Placez le lait de coco au réfrigérateur.
3. Mettez les fruits dans le bol mixeur, ajoutez le lait de coco et le jus de citron puis mixez **10 secondes / vitesse 8** avec le gobelet doseur. Servez sans attendre.

Conseil

Si vous avez de la place dans votre congélateur, mettez-y le bol mixeur 30 minutes avant de réaliser la recette.

ESQUIMAUX mangue coco

PRÉPARATION : 5 MIN

POUR 4 PERS.

REPOS : 4 H

INGRÉDIENTS

- 1 mangue bien mûre
- ½ citron vert
- 15 cl de lait de coco allégé
- 10 cl de lait concentré sucré

Astuce

Vous pouvez utiliser de la mangue surgelée.

PRÉPARATION

1. Pelez la mangue et coupez la chair en morceaux. Placez-la dans le bol mixeur.
2. Râpez finement le zeste du citron et pressez-le. Ajoutez le jus et la moitié du zeste dans le bol mixeur et mixez **10 secondes / vitesse 8** avec le gobelet doseur. Remplissez à demi la moitié des moules à esquimaux et réservez le reste au réfrigérateur.
3. Lavez le bol mixeur. Versez-y le lait de coco, le lait concentré et le zeste restant. Mixez **10 secondes / vitesse 5** avec le gobelet doseur. Remplissez à moitié les moules à esquimaux vides et réservez le reste au réfrigérateur.
4. Faites prendre la glace en plaçant les moules à demi remplis au congélateur 2 heures.
5. Finissez de les remplir en alternant mangue et coco et replacez au congélateur au moins 2 heures.

MINI-ESQUIMAUX cerises-kiwis

PRÉPARATION : 15 MIN

REPOS : 3 H

POUR 12 MINI-ESQUIMAUX

INGRÉDIENTS

- 300 g de cerises
- 340 g de kiwis
- Le jus de ½ citron
- 2 c. à soupe de sirop d'agave

PRÉPARATION

1. Équeutez et dénoyautez les cerises. Pelez les kiwis et coupez-les en morceaux.
2. Mettez les cerises dans le bol mixeur avec une cuillerée à soupe de sirop d'agave. Mixez **20 secondes / vitesse 8** avec le gobelet doseur. Remplissez à demi la moitié des moules à esquimaux et réservez le reste au réfrigérateur.
3. Lavez le bol mixeur. Mettez-y les morceaux de kiwis, le jus de citron et le sirop d'agave restant. Mixez **10 secondes / vitesse 8** avec le gobelet doseur. Remplissez à moitié les moules à esquimaux vides et réservez le reste au réfrigérateur.
4. Faites prendre la glace en plaçant les moules à demi remplis au congélateur au moins 1 heure.
5. Finissez de remplir les moules en alternant cerise et kiwi et replacez au congélateur au moins 2 heures.

Conseil

N'hésitez pas à utiliser des cerises surgelées.

Index des recettes

Béchamels légères 14
- Béchamel ail et fines herbes 14
- Béchamel au curry 15
- Béchamel nature 14

Blanquette de veau 138
Blinis 24
Bœuf aux oignons 134
Bœuf carottes à la tomate 126
Boisson crémeuse amande, banane et myrtilles 300
Bouchées à la carotte 54
Bouillon asiatique aux crevettes et au brocoli 84
Boulettes de bœuf au poivron, au quinoa et à la patate douce 128
Boulettes de poulet sauce curry 118
Cabillaud vapeur, courgettes et sauce citronnée 168
Calamars à la provençale 188
Caviar d'aubergine 38
Cheesecake acidulé 238
Chili con carne 130
Chowder de haddock 164
Clafoutis aux cerises 242
Coleslaw 46
Colombo au filet mignon 148
Compote à l'abricot et à la lavande 248
Compote poire, cannelle et gingembre 262
Compote pomme, rhubarbe et raisins secs 268
Coquillages au paprika 42
Courgettes farcies au quinoa 222
Couscous d'hiver au veau 146
Couscous vert au sarrasin 224
Crème à la banane 280
Crème au chia et fruits rouges 282
Crème au chocolat croustillante 246
Crème de chou-fleur et noix de Saint-Jacques 180
Crèmes au café 254
Curry aux légumes 198
Curry de gambas et patates douces 178
Curry de lotte aux deux choux 170
Dahl de lentilles corail aux bettes 214
Dinde aux poivrons 112
Esquimaux fraise-basilic 302
Esquimaux mangue coco 312
Fiadone ricotta et citron 278
Filet mignon à la moutarde 150
Flan aux poireaux 218
Flan aux pommes 274
Frozen yogourts aux mirabelles 306
Frozen yogurt à la pêche 308
Galettes de courgettes 194
Gaspacho de poivrons 80
Gaspacho vert 72
Gâteau aux pommes 260
Gratin aux deux choux 206
Gratin de dinde rouge et vert 114
Gratin de pâtes à la ratatouille 204
Guacamole aux fèves 30
Houmous à la patate douce 44
Houmous petits pois et fèves 32
Îles flottantes à la fraise 236
Jus tonique vert 288

Lapin aux poivrons 156
Lapin d'automne 158
Lasagnes au bœuf et aux légumes d'été 132
Lasagnes vertes 232
Lotte et purée de céleri 172
Marmite d'aiglefin aux coquillages 184
Mayonnaises légères 22
- Mayonnaise au curry 22
- Mayonnaise tartare 23
- Mayonnaise nature 22

Merlan et haricots verts sauce vierge 174
Milkshake à la fraise 296
Milkshake exotique 294
Minestrone d'automne 212
Minestrone de printemps 200
Mini-esquimaux cerises-kiwis 314
Mini-tartelettes aux champignons 58
Mocktail mangue-ananas 291
Mocktail vert 292
Mocktail vitalité 298
Mousse au chocolat 270
Mousse aux pêches et aux fraises 256
Muffins aux figues 258
Muffins aux poivrons 64
Navarin de veau 140
Pancakes aux fruits 266
Pancakes banane-cannelle 264
Panna cotta à la framboise 276
Panna cotta exotique 244
Parmentier aux deux cerfeuils 136
Parmentier de turbot aux carottes 166
Pâtes alla marinara 182
Pâtes au pesto de petits pois et crevettes 186
Pâtes aux lentilles 208
Pâtes brisées 16
- Pâte aux herbes 16
- Pâte aux graines 17
- Pâte nature 16

Pâtes et chou romanesco 202
Perles du Japon amandes et fruits 250
Polenta aux poivrons 230
Porc aux légumes d'hiver 154
Porc aux marrons 152
Porridge raisins-noisettes 284
Potage à la tomate et aux cocos de Paimpol 100
Potage de légumes riz et tofu 228
Potage pommes de terre maïs et crevettes 96
Quiche aux girolles et tofu fumé 226
Quiche aux tomates et aux oignons rôtis 28
Quinoa aux poivrons 220
Raïta aux poivrons 36
Ratatouille au cabillaud 176
Risotto au potimarron et au brocoli 196
Risotto au safran et noix de pétoncles 190
Risotto aux asperges 210
Riz au lait poire-badiane 272
Riz blanc 19
Salade de chou rouge 48
Salade de gambas aux agrumes 34
Sauce au citron 8

Photographie de couverture :
©aamulya - stock.adobe.com

Directeur éditorial : **Didier Férat**
Édition : **Marjorie Goussu**
Graphisme : **Julia Philipps**
Mise en page et photogravure : **Nord Compo**
Fabrication : **Laurence Duboscq**

92, avenue de France, 75013 Paris

FSC
www.fsc.org
MIXTE
Papier issu de sources responsables
FSC® C003309

ISBN : 978-2-263-17387-5
Code éditeur : L17387
Dépôt légal : février 2021
Imprimé en France par Pollina - 96564

Sauce au poireau 10
Sauce Bolognaise au poulet 120
Sauce Tomate 12
- Sauce concentrée 12
- Sauce tomate pimentée 13
- Sauce tomate maison 12

Sauce vierge 20
Sauté de dinde à l'orientale 110
Slush exotique à la banane 310
Sorbet melon, gingembre et citron vert 304
Soupe asiatique aux boulettes de poulet 82
Soupe aux deux céleris 78
Soupe cajun au poulet 86
Soupe chinoise au bœuf 94
Soupe d'udons aux légumes 104
Soupe de butternut et polenta 68
Soupe de fanes de radis 70
Soupe de nouilles chinoises au crabe et au maïs 102
Soupe de prunes et framboises au thym 240
Soupe épicée à la tomate 76
Soupe froide de concombre 90
Soupe parfumée au potimarron 98
Soupe petits pois-courgettes 88
Stoemp 216
Taboulé au boulgour 39
Tagine de veau aux carottes et aux abricots 142
Tarte aux nectarines 252
Tartinade d'artichauts 52
Tartinade de courgettes 50
Tartinade de légumes aux herbes 40
Tartinade de tomates et fromage blanc 56
Tomates farcies au poulet 124
Tortillas au blé et au maïs 18
Tortillas aux légumes verts et rouges 62
Truite vapeur, fèves et quinoa 162
Tzatziki 60
Veau marengo 144
Velouté aux champignons, ail et fines herbes 92
Velouté chou-fleur courgette 74
Velouté de cresson 106
Virgin mojito à la pastèque 290
Waterzoï au poulet 116
Wraps au poulet 122